NOTAS DE SUCESSO

Volume 2

Copyright© 2019 by Literare Books International.
Todos os direitos desta edição são reservados à Literare Books International.

Presidente:
Mauricio Sita

Vice-presidente:
Alessandra Ksenhuck

Capa:
David Guimarães

Diagramação:
Gabriel Uchima

Revisão:
Camila Oliveira

Gerente de Projetos:
Gleide Santos

Diretora Executiva:
Julyana Rosa

Relacionamento com o cliente:
Claudia Pires

Impressão:
Impressul

Dados Internacionais de Catalogação na Publicação (CIP)
(eDOC BRASIL, Belo Horizonte/MG)

N899   Notas de sucesso: vol II / Coordenação editorial Alan Cardoso,
Dennis Amorim, Jaques Grinberg. – São Paulo, SP: Literare
Books International, 2019.
14 x 21 cm

ISBN 978-85-9455-199-3

1. Empreendedorismo. 2. Motivação (Psicologia). 3. Sucesso nos
negócios. I. Cardoso, Alan. II. Amorim, Dennis. III. Grinberg, Jaques.
CDD 658.314

Elaborado por Maurício Amormino Júnior – CRB6/2422

Literare Books International Ltda.
Rua Antônio Augusto Covello, 472 – Vila Mariana – São Paulo, SP.
CEP 01550-060
Fone/fax: (0**11) 2659-0968
site: www.literarebooks.com.br
e-mail: contato@literarebooks.com.br

NOTAS DE
SUCESSO

Sumário

1 **Minha trajetória**
Alan Cardoso — p. 7

2 **Sócios, casados e felizes? Por que não?**
Bianca Passos de Amorim — p. 17

3 **É hora de decolar**
Denisclei Oliveira de Amorim — p. 27

4 **Minha história de sucesso**
Erika Farias Ribeiro — p. 37

5 **Minha caminhada**
Gabriella Cardoso — p. 45

6 **O grande erro dos empresários do segmento de educação**
Jaques Grinberg — p. 53

7 **Tudo começou quando eu tinha apenas 15 anos...**
Luciano Alf — p. 63

8 **O ovo, a galinha, e a arte de "cair pra cima"**
Marcelo Barbosa — p. 71

9 **Viva cada fase, supere as crises e aprecie a jornada**
Noemi da Cruz — p. 79

10 **Música, empreendedorismo, ciência e rock 'n' roll**
Paula Martins — p. 89

11 **Ninguém acreditava, eu acreditei**
Ronaldo Barreto — p. 97

1

Minha trajetória

A estrada para o sucesso é estreita. Altos e baixos, desafios diários. Nesta breve história, contarei um pouco de minha trajetória rumo ao empreendedorismo. Aprender sempre e determinação são as minhas marcas pessoais, e quero compartilhar com você o que vivenciei. O sucesso é construído por nós e somos os responsáveis por ele.

Alan Cardoso

Alan Cardoso

Matemático, pós-graduado em administração e *marketing*; especialista em engenharia de sistemas. É guitarrista, apaixonado por teoria musical e realizou diversos cursos sobre música. Escritor, palestrante e colunista de vários portais e revistas. Atualmente é CEO na ETAG Soluções em Tecnologia. Desenvolveu diversas soluções em tecnologia, com destaque para o Acorde – Sistema de gestão para escolas de música, Portal Educa Music – Teoria Musical Interativa, Rede Social Músicos na Web e Musical Games – Jogos Educativos. Criou mais de 30 jogos digitais em seu portfólio como *game designer.*

Contatos
www.alancardoso.com
alancardosos@gmail.com
Instagram: alancardoso6721

Neste capítulo, vou contar um pouco sobre a minha trajetória. Se você já é empreendedor, perceberá algumas semelhanças. Nada é fácil. É necessário muito foco e determinação para iniciar um empreendimento, principalmente se for sem recursos financeiros, como foi o meu caso. Se ainda não empreende, vai perceber que o caminho é estreito e difícil, mas que, no final, vale a pena.

Alguns pontos a se destacar são:

- Como desenvolver-se profissionalmente?
- O que é empreender do zero?

O que somos hoje é uma soma de tudo aquilo que fizemos no passado. Por isso, pense em suas decisões atuais. São elas que irão construir seu futuro.

O início

Sim, tudo tem um ponto de partida. Mesmo que você esteja perdido, sem direção, sem metas claras, acredite, existiram escolhas que o levaram até aí. Se você não está satisfeito onde está, acha que algo não está certo, sente que poderia estar melhor, deseja ter mais qualidade de vida e, principalmente, ser um empreendedor bem-sucedido, então, talvez essa história o leve à reflexão. Você perceberá, principalmente, que o mais importante são as nossas pequenas escolhas, aquelas que fazemos todos os dias.

Vim de uma família pobre, pai eletricista, mãe auxiliar de enfermagem, dona de casa, e três irmãs. Uma criança comum, em uma vida comum e família comum, em um bairro comum. Lembro-me de meu pai acordando todos os dias, às 4h da madrugada, para pegar o primeiro ônibus, e chegando cansado por volta das 20h. Minha mãe, cuidando de todo o resto (casa, educação dos filhos etc.). Como disse antes, uma vida comum...

Alan Cardoso

Minha mãe gostava muito de cantar. Meu avô tocava acordeon. Não digo que vim de família de músicos, mas de alguns entes que gostavam de tocar e cantar, e aprenderam a arte de forma autodidata. Com isso, minha mãe me deu um piano de brinquedo e um violão aos sete anos de idade e, em poucos meses, eu já tocava algumas músicas. Aos oito anos, já tocava nas missas com um violão maior que eu – segundo a brincadeira que o bispo da paróquia sempre fazia comigo durante as missas, e que lembro até hoje.

Por ser de uma família pobre, minha mãe passou a vender produtos de beleza, entre outros, para ajudar na renda mensal. Minha irmã, Daisy, ainda muita pequena, aprendeu a fazer crochê. Minha mãe teve a ideia de fazer prendedores de cabelo, "maria chiquinha", e eu ia de casa em casa e nas feiras para vender.

Eu tinha uns dez anos. Foi traumático? Abuso de trabalho infantil? Claro que não! Agradeço muito a minha mãe por ter feito isso, pois ainda muito novo aprendi a vender um produto, o valor do dinheiro e o que fazer para ganhá-lo de forma justa e honesta.

Sempre fui uma criança que lia muito, gostava de estudar. Ainda me recordo do primeiro dia em que entrei na biblioteca da escola, aos sete anos de idade, na primeira série. Foi uma emoção tão grande que ainda consigo senti-la quando entro em uma livraria. A "Tia Regina", minha professora, naquele meu primeiro contato com o ensino formal, conseguiu me mostrar o quanto era magnífico o mundo da leitura.

Tive meu primeiro contato com computador somente aos 13 anos, pois naquela época os computadores ainda eram raros e caros. Foi quando fiz meu primeiro curso de informática, e fiquei fascinado com as possibilidades que o computador proporcionava.

Nessa mesma época, dois amigos, que tinham um computador, me apresentaram o Encore e Cakewalk, *softwares* musicais. Acredito que foi nesse momento que surgiu a minha paixão por música e tecnologia. Falei com a minha mãe, que me ajudou a comprar o meu primeiro computador.

Eu já trabalhava desde os 12 anos com meu tio, no ramo da tapeçaria, onde o agradeço imensamente por tudo que aprendi. Ali, vivenciei como era empreender, fazer propostas, negociações, oferecer serviços, etc., pois meu pai era metalúrgico e a única visão que me passava era de seguir o mesmo caminho dele, estudar para trabalhar em uma fábrica, entregar currículos, ter um salário e me aposentar. Não digo que meu pai me ensinou errado, pois procurava ofertar o melhor dele em seus conselhos, de acordo com suas experiências. Isso me lembra um pouco o livro *Pai rico, pai pobre*, de Robert Kiyosaki. Se ainda não leu, recomendo.

Minha primeira empreitada empreendedora foi aos 17 anos. Continuava a trabalhar com meu tio, mas junto com alguns amigos, como tínhamos diversos jogos e consoles, abrimos uma locadora de jogos de *videogame*. Foi uma experiência muito enriquecedora, pois aprendi que empreender com muitas pessoas e sem um bom planejamento é difícil. Ainda, quase não tinha tempo pra acompanhar, pois tinha outro emprego. Empreender é trabalhar com garra em algo que desejamos. O velho ditado popular "é o olho do dono que engorda o gado" é verdadeiro. Precisa acompanhar todo o processo e agir proativamente para o negócio evoluir.

Lembro-me de que ficava muitas horas por dia e madrugadas na frente do computador, com livros de programação e música. Pouco a pouco, fui conhecendo os fundamentos da tecnologia da informação, por meio de cursos e livros. Era como se minha cabeça tivesse despertado para combinar códigos e notas, experimentar possibilidades, surgindo então o interesse em programação, passando a criar meus próprios programas para satisfazer meus sonhos. Minha busca inicial era desenvolver *software* para edição musical e *games* musicais.

> Estudar e aprender, vejo que sempre foram uma
> característica presente na minha vida.

Em pouco tempo, saí do emprego que tinha com meu tio e já trabalhava como professor em escolas de música e conservatórios, e também em escolas de informática.

Lecionava e aprendia cada vez mais sobre música e tecnologia, mas não estava satisfeito. Foi então que fiz minha primeira graduação. Como já lecionava linguagens de programação, fui monitor na faculdade, onde me aproximei mais dos professores e do mundo acadêmico. Sempre que possível, meus trabalhos sempre se relacionavam à música e tecnologia; aprimorei e desenvolvi trabalhos interdisciplinares entre essas áreas.

Após concluir o curso superior, fui trabalhar em uma instituição do terceiro setor, onde tive a oportunidade de desenvolver muitos projetos relacionados à educação e tecnologia, momento em que senti, pela primeira vez, um rápido crescimento profissional.

Senti que poderia estar melhor

Após alguns anos na instituição, com quase 30 anos, percebi que estava estagnado, que tinha vencido meu prazo de validade na instituição. Eu queria voar mais alto. A insatisfação me fez pedir as contas, iniciar uma pós-graduação, e ainda tive a coragem de ficar noivo (tudo no mesmo mês)!

Nessa fase em que iniciei a pós-graduação, muitas ideias surgiram e alguns pequenos *softwares* foram criados. Como sempre gostei de educação e tecnologia, implantamos em um conservatório uma plataforma de ambiente virtual de aprendizagem. Foi uma experiência enriquecedora. Alguns meses depois, em 2008, passamos a desenvolver o Acorde – Sistema de Gestão para Escolas de Música, lançando em 2009, juntamente com a criação de minha própria empresa, a ETAG Soluções em Tecnologia.

Não existia nada assim para escolas de música. Na ETAG, unimos metodologias de gestão consagradas e utilizadas por grandes empresas e desenvolvemos uma solução que abrangesse CRM, *business intelligence*, entre outros, com foco em gestão de escolas de música, surgindo, então, o Sistema Acorde. A sensação de levar para uma empresa a solução em gestão, otimizando os processos, realmente foi incrível. Ajudar empresas a crescer gerava uma satisfação muito maior do que qualquer ganho financeiro.

Em tudo que escrevi até agora, observe que o foco nunca foi apenas o dinheiro. É claro que o dinheiro é de grande importância, mas o foco sempre foi a minha busca por mais conhecimento e em satisfazer o cliente com alguma solução para seus problemas. Isso, sim, me dá satisfação. É meu *Ikigai* (palavra japonesa que se traduz como "os objetivos de vida que nos fazem levantar todas as manhãs. É a razão de ser").

O grande desafio

A ETAG surgiu em 2009, com minha sócia e esposa, Gabriella Cardoso, musicista, especialista em tecnologias interativas aplicadas à educação e em gestão e implementação de cursos a distância, a qual agradeço por me acompanhar por todos esses anos nesta jornada empreendedora. Alguns dizem que é difícil negócio em família, mas, no meu caso, a verdade é que tenho o privilégio e alegria de tê-la como parceira nos negócios e na vida.

Somos os responsáveis pelo nosso sucesso, porém as pessoas que estão conosco nos ajudam a alcançar grandes resultados. Uma que nos auxiliou muito foi Valéria Forte, diretora executiva da Central de Apoio às Escolas de Música, a quem sou muito grato. Com seus conselhos sempre sábios, aprendi muito sobre o mercado musical.

No início da empresa, queríamos levar uma solução de ambientes virtuais de aprendizagem para escolas de música, pois já tínhamos projetos em EAD (educação a distância). Logo vimos que era algo interessante, mas o mercado precisava de um sistema de gestão.

É importante, antes de criar algo para um nicho de mercado, pesquisar e identificar qual a real necessidade de um determinado produto ou serviço. Quando as oportunidades não surgem, e isso quase sempre acontece, elas devem ser criadas. Queríamos oferecer um ambiente virtual, mas, ao perceber e criar o que o mercado precisava (sistema de gestão), resolvemos um problema dos clientes e, em pouco tempo, nos tornamos referência para todo o mercado musical.

Nesse tempo entre abrir a empresa e ter sucesso nos negócios, uma parte não visível é o sacrifício diário, finais de semana e feriados sem descanso, madrugadas mal (ou nem dormidas), entre outras. Aqueles que já empreenderam sabem do que falo, de forma bem resumida. A diferença entre o sucesso e o fracasso é que, no segundo, a pessoa possivelmente desistiu cedo demais. Acredito que para ter sucesso nos negócios é necessário persistência, foco, paixão pelo que se faz, gostar de pessoas e ter a coragem de correr riscos, nem sempre calculados.

O empreendedorismo transformou a minha vida e pode mudar a de qualquer um que tenha foco, dedicação, e o forte desejo de sair do fluxo comum imposto pela sociedade.

Crescimento

Os negócios na ETAG estavam indo muito bem. Novo escritório no Butantã – SP, equipe crescendo, novas parcerias. Com o tempo, novas soluções foram sendo desenvolvidas. O Acorde – Sistema de Gestão, rapidamente tornou-se conhecido nas escolas de música de todo o Brasil, chegando a ser levado para escolas de música da Europa. Em 2013, lançamos o Portal Educa Music – Teoria Musical Interativa, com mais de 2500 telas de conteúdo, tornando-se rapidamente um grande sucesso.

Participamos dos maiores eventos do segmento como apoiadores e expositores, como o Congresso CAEM (participamos de todas as edições desde 2009). Em 2013, fomos expositores na maior feira de música da América Latina, a Expomusic e, também, nos anos subsequentes. Em 2017, levamos para o evento totens interativos com o Musical Games – Jogos educativos, fazendo sucesso entre os presentes.

Tornei-me colunista de revistas do segmento e, em 2017, fui coordenador editorial do livro *Notas de Sucesso I* e coautor do livro *Vendas: a chave de tudo*, escrito em parceria com grandes nomes nacionais da área.

Foi fácil? Nada é fácil. Se alguém disser isso a você, desconfie. Os bons resultados são obtidos com muita perseverança e trabalho. Como diria Thomas Edison, 1% de inspiração e 99% de transpiração.

No meio de tudo isso, tive uma experiência em 2015 que foi muito importante em minha vida. Surge a oportunidade para entramos em um novo negócio: salão de beleza. Fomos procurados por uma pessoa que nos mostrou o quanto poderia ser lucrativo e nos convenceu. Entramos e investimos, criando um dos mais belos salões da região. Porém, o novo empreendimento não durou seis meses.

Errar faz parte de todo negócio, porém a correção deve ser o mais rápido possível. A nova sócia não tinha boas intenções, responsabilidade e ética profissional. Saí o mais rápido que pude quando percebi o péssimo empreendimento. Aprendi que empresas são feitas por pessoas e que somente elas são responsáveis pelos resultados, bons ou ruins.

Devemos escolhê-las bem para os negócios, sejam funcionárias, parceiras e sócias. Valores muito distintos entre os sócios também prejudicam o negócio. O dinheiro nunca deve ficar à frente dos seus parceiros, funcionários e clientes. Ele virá, mas em decorrência de trabalho bem feito e respeito com todos, principalmente com os clientes.

O que aprendi

Durante todo esse tempo, aprendi que sugestões e críticas são muito importantes, pois são elas que nos forçam a crescer. É dessa forma que os produtos e serviços melhoram, o atendimento é otimizado, enfim, ouvir o cliente e anotar tudo é de fundamental importância. iukjollllllllllllllllllllllllllll-mmsmmsms (ops, desculpe por deixar esta parte assim. É uma pequena contribuição do meu filho Rafael de um ano e nove meses, que subiu na mesa e começou a digitar. Deixar aqui é minha forma de dizer o quanto o amo. Ele estava me vendo digitar e quis participar...).

Faço abaixo uma lista resumida de coisas que considero importantes para que um empreendedor tenha sucesso em seu projeto:

• Desenvolva a habilidade de enfrentar desafios. Não tem saída. Se vai empreender, muitos desafios surgirão. Situações inesperadas, regras fiscais, concorrência, entre muitos outros;

• Não importa qual seja o problema, apenas não tenha medo de encarar a situação e buscar soluções;

• Foco sempre na solução, não no problema;

• As pessoas que transformam o mundo são aquelas que arriscam, que fazem diferente, que se recusam a seguir o padrão. É o vento soprando contra a pipa que a faz subir;

• Inove sempre. Às vezes, vemos empresas iniciantes fazendo exatamente o que seu concorrente ao lado faz. O problema é que ele está no mercado há mais tempo que você e "pegá-lo na corrida" será uma tarefa não impossível, mas bem difícil. Logo, será bem mais complexo crescer neste cenário. Inovar é sempre o melhor caminho;

• Parafraseando Einstein, imaginação é mais importante que o conhecimento. Imagine, crie, inove. Não faça igual. Faça melhor. Aperfeiçoe, surpreenda o cliente;

• Contrate gente inteligente;

• Aprenda sempre.

Alan Cardoso ♪ 15

Buscar sucesso profissional é o sonho de todos. Apenas não se esqueça de que o mais importante na vida é a família, amigos, saúde e o bom uso do limitado tempo que temos aqui. Lembrando Benjamim Disraeli, a vida é muito curta para ser pequena.

Essas são as minhas notas de sucesso. Espero em breve ler as suas!

2

Sócios, casados e felizes? Por que não?

É possível trabalhar com seu cônjuge sem se aborrecer a todo tempo? Como viver as alegrias da vida no relacionamento, se as preocupações da empresa os afetam diretamente? Este capítulo não é só para casados! (rs), mas para pessoas inteligentes que querem melhorar sua vida empresarial sem que isso lhes custe a sua família!

Bianca Passos de Amorim

Bianca Passos de Amorim

Escritora; diretora administrativa da DBN – Ensino Comércio e Transporte; conselheira da Academia de Música e Desenho Arte Com Júbilo, palestrante e mentora do seminário Desenvolvendo seu Talento; mediadora de conflitos na relação cliente/empresa. Ainda quando estudava Direito, encontrou com seu esposo, Dennis Amorim, no projeto educacional de sua empresa, um ideal de futuro que valeria a pena dedicar a sua vida contribuindo para uma sociedade melhor. Hoje, também atua fazendo palestras pelo Brasil, compartilhando o segredo de seu sucesso e ajudando pessoas.

Contatos
artecomjubilo.com.br
bianca.mentoria@gmail.com

É possível trabalhar com seu cônjuge sem se aborrecer a todo tempo? Como separar o trabalho do relacionamento? O sócio(a) do marido/esposa? O lazer dos problemas da empresa? Como viver as alegrias da vida a dois se as preocupações da empresa os afetam diretamente? Essas são algumas das perguntas que mais recebemos...

E, não, este capítulo não é só para casados! É para pessoas inteligentes que querem melhorar sua vida empresarial sem que isso custe a sua família!

As empresas ou "negócios" familiares são comuns no Brasil. Muitas começaram do zero e outras passam seus negócios aos herdeiros. Algumas resistem e crescem grandemente, entretanto, muitas não subsistem e vão à falência.

Conheço famílias que têm empresas bem-conceituadas, são profissionais excelentes, pais e cônjuges exemplares... Porém, outras que desenvolvem extraordinariamente o que é exigido em suas carreiras e cargos na empresa, mas não conseguem desempenhar medianamente o seu papel em família. É possível conciliar plenamente essas duas áreas?! Sim, é possível.

A solução não é simples como uma receita de bolo e nem quero me colocar como "a guru das relações de empresas familiares", mas deixo três chaves que podem ajudar (e muito!) a equilibrar as coisas no casamento e na empresa. Equilíbrio! Esse é o primeiro objetivo a ser alcançado na relação empresa-família.

Como ter um relacionamento equilibrado entre sócios/cônjuges?

Falar o que precisa ser dito a seu sócio(a)/cônjuge, sem que afete a empresa e a família, não é nada simples. Por isso, estou aqui para que, de alguma forma, possa ajudá-lo, e tenha somente a tarefa de dizer: "amor, leia o capítulo da Bianca Amorim, *Sócios, casados e felizes. Por que não?*".

Eu desejo conseguir contribuir positivamente com a vida de vocês e deixo abaixo três chaves para um relacionamento mais equilibrado...

1ª chave: compreenda o seu papel

Entenda que, apesar de você ser a mesma pessoa, desempenha papéis diferentes, ora como sócio e ora como cônjuge. Esforce-se para que, na empresa, tenham assuntos da empresa. Em família, assuntos da família.

É claro que existem pensamentos conflitantes que fazem uma intercessão entre os dois papéis, por exemplo, finanças. Sabemos que, nós empresários, não temos um botão de ligar e desligar os pensamentos conflitantes. Uma boa ideia nessa hora é entrar em *stand by* (termo também utilizado no meio empresarial para designar que um projeto ou uma função está em espera, ou simplesmente surgiu alguma outra prioridade), pelo menos durante as suas refeições e em momentos de lazer com sua família.

Não faça essa intercessão, ponha os pensamentos conflitantes em espera e não os transforme em palavras, nem por um segundo sequer, isso poderá acabar com o apetite e a diversão de toda família. Aproveite esse tempo para desfrutar do que seu negócio pode lhe proporcionar.

Certa vez, fomos (eu e meu esposo) abordados por um jovem em nossa empresa que disse, bem sério: "sou cliente de vocês há algum tempo e onde está aquela 'nuvem negra' que têm alguns casais que trabalham juntos?".

Pensamos que era brincadeira e perguntamos a ele: como assim? Ele nos contou que os pais tinham uma empresa bastante conhecida, excelente. Eram ótimos profissionais. Mas a convivência deles em casa "estava impossível". Sim, ele usou exatamente este termo: "uma convivência impossível".

Ao conhecê-los, percebemos que chegaram a um ponto de "dessassociar os papéis de sócios do de cônjuges". Mas, sozinhos, seria uma tarefa difícil demais para eles. Então, propomos ajuda e dissemos: entendemos que não é fácil, mas, acreditem, é possível melhorar as coisas analisando os papéis de cônjuges e sócios. Comecem pela família, pois acreditamos que tudo progride quando a família melhora.

Veja este exemplo: um militar altamente graduado, ao chegar em casa, atende sua família como seus comandados. Por não deixar sua graduação no quartel e nem mudar o seu papel, corre sério risco de perder a sua família ou o amor dela. O mesmo aconteceria se no quartel ele tratasse seus comandados da forma que deveria tratar, em casa, sua esposa e filhos, só que aqui o que estará em risco é sua liderança, respeito e patente.

Entender cada papel social que exerce é como começar a organizar seu *closet* sabendo o lugar certo de cada peça. Inverter ou não saber a hora de mudar o seu papel gera grandes conflitos, principalmente nessa relação trabalho – família – trabalho.

Quando o dia for extremamente difícil, veja quem está precisando mais do outro. Se possível for, chegue primeiro em casa ou no trabalho, prepare o ambiente, organize as coisas, para que haja uma quebra da tensão desse momento sobre os dois.

Durante o trajeto, deixe o empresário(a), ou o cônjuge pelo caminho. Até que chegue em sua residência, o marido, a esposa, o pai, a mãe, ou até que chegue em sua empresa o sócio ou a sócia. É muito comum haver a soma de desgastes, quando não há esse momento "a sós com você mesmo".

Ele é importante para mudar a chave mental entre papéis de: pais, cônjuges, sócios, entre outros que desempenhamos diariamente. Não fazer isso pode desorganizar as coisas e criar maiores conflitos.

2ª chave: respeito e cumplicidade

Como é triste ver a forma que muitos sócios/cônjuge se tratam, sem nenhum respeito, cumplicidade, e por que não dizer, também, sem educação. Talvez isso tenha começado com pequenas boas maneiras de convivências que foram sendo deixadas para trás, como, por exemplo, gentileza – com licença, obrigado(a), parabéns, desculpa – palavras simples, mágicas, que abrem portas, além de evidenciar o respeito.

Respeito é a coluna que sustenta todo um relacionamento saudável. Ter respeito não é ter medo, não é concordar com tudo o que outro diz, é reconhecer os limites, direitos e deveres que ambos possuem.

A cumplicidade tem muito a ver com proteção e com a não exposição dos defeitos de um dos sócios/cônjuge, mesmo quando ele(a) está errado(a). Depois, a sós, pontua-se em tempo e lugar oportuno o que precisa ser melhorado e corrigido.

Isso não quer dizer que seu marido ou sua esposa tenha que ficar sempre segurando o abacaxi, mas que não se faz necessário ter o dedo acusador sempre que houver uma coisa errada apontando a culpa ao outro.

Além disso, nada de ficar ali bajulando, dizendo que ama a cada cinco minutos (embora haja momentos em que uma ligação ou uma mensagem no celular é muuuito bem-vinda e renovadora). Um bom exercício de cumplicidade é não expor o defeito do outro.

Pessoas sem cumplicidade são acusativas o tempo todo, egoístas, sempre que tiver uma coisa errada, a solução do problema é achar a culpa no outro. Nunca têm autocrítica, nunca erram, sempre alguém foi responsável pelo seu erro.

E, por falar nisso, nunca faça seu sócio(a), cônjuge, sentir-se diminuído(a) e nem pense em fazer isso na frente de seus colaboradores, clientes, amigos, filhos, família, parentes, por qualquer que seja o motivo. "Roupa suja" é pra ser lavada em ambiente privativo e adequado.

Evite "brincadeiras" depreciativas, palavras de baixo calão, apelidos deselegantes, gritos, rispidez, discussões. Coisas desse tipo só atrapalham a vida de duas pessoas que querem preservar a família e o trabalho.

Usem suas diferenças a favor de sua empresa e do casamento. Não existe relacionamento perfeito, buscamos uma relação que visa aperfeiçoar-se e crescer continuamente, assim como uma empresa. Antes de tudo, nós (eu e meu sócio/cônjuge) nos enquadramos nessa afirmação.

Recentemente, fizemos 19 anos de casados e temos o mesmo tempo como donos de negócio. É difícil definir o que faz duas pessoas andarem juntas por muito tempo, mas, com certeza, algumas atitudes essenciais fazem com que deem certo o relacionamento empresarial e familiar.

Atitudes como perdão, respeito, cumplicidade e renúncia, não da individuação, ou melhor, de estar sempre com a razão! Ahh...Quantas profundas tristezas causadas por querer ter sempre razão. Não existe relacionamento sem aborrecimentos e conflitos.

Mas, quando há aborrecimentos e conflitos o tempo todo, alguma coisa está errada nessa fusão entre sócios e casados! Pare e analise se esses constantes aborrecimentos não são frutos da dualidade entre o egoísmo de um e a generosidade do outro.

Procure o tal ponto de justiça e temperança, o lugar mais mal frequentado do planeta, na verdade, as pessoas detestam o meio termo, só porque deve ter lá o bom senso. Porém, o bom senso é requisito fundamental da maturidade emocional.

Veja se os problemas na empresa também não são muito parecidos com os do casamento, pois quase sempre ficam entre esses dois modelos. Lembre-se de que o excesso de generosidade prejudica tanto quanto o egoísmo, pois um é alimentado pelo outro.

Quando respeitamos e temos cumplicidade, passamos a ser uma dupla, não adversários. Pessoas são diferentes, não tem jeito! Trata-se da biologia humana. Não quero levantar discussão, ou falar sobre "empoderamento" de um, ou de outro. Não. Apenas fazer você pensar: o que eu faria se estivesse no lugar do outro?

Como eu gostaria que o outro me tratasse e ajudasse nas questões que estamos enfrentando? Claro, sem se vitimizar! Essa capacidade subjetiva de colocar-se no lugar do outro gera empatia e evita guerras.

Muitos casais vivem uma verdadeira "queda de braços", seja na empresa, ou na família. Passam todo o tempo querendo "provar" para o outro (e para os outros) "que é o mais forte!", "que é o melhor!".

Uma competição sem fim. Esquecem-se de que suas forças separadas geram divisão, mas, quando unidas, geram multiplicação!

Nosso filho, Nicolas, ama futebol! Desde os sete anos participa de competições pelo estado e, acreditem, já vimos muitas coisas! O que mais nos chama a atenção é quando um pai/mãe se esquece de que o seu filho (que é um atleta) joga com um time, e não sozinho!

Por mais que torçamos por um, o resultado depende de todos. E quando a vitória acontece, até podemos eleger o melhor jogador da partida, mas o vencedor é o time. O mesmo acontece na empresa e na família.

Preserve o respeito, respeite o outro, respeite sua empresa, sua família, suas vitórias. É isso mesmo! Respeite suas vitórias e celebre cada uma delas, pois isso atrairá outras, acredite! Sempre que vivenciamos conquistas, vamos a um local prazeroso, elevamos nossos pensamentos em gratidão pela vitória e por podermos estar ali, desfrutando do que há diante de nós.

Bianca Passos de Amorim

Isso gera uma memória afetiva positiva, criando um memorial que será lembrado no futuro com alegria, fazendo valer o esforço depositado naquele período em nosso trabalho. Respeite, pois quem respeita preserva e quem preserva é porque respeita!

3ª chave: disciplina e controle financeiro

Percebemos que muitas pessoas ainda vivem na ilusão de que ser "seu próprio patrão" e trabalhar com seu cônjuge significa "só sucesso!". Muitos usam da "autonomia" que têm para chegar a hora que quiser, sem dar satisfação, delegar, sem fazer a mínima ideia de como realizar e supervisionar o que foi delegado.

Saem no meio do expediente para fazer compras em *shopping*, almoçar sem hora para voltar – quando voltam – utilizam do ambiente da empresa para atividades familiares, e ainda levam os equipamentos do escritório para casa, não trazem de volta, entre outros...

Eles esquecem que o cliente é o patrão mais exigente que existe! E que pode "demiti-los" ao deixar de ser um cliente fiel, procurando outra empresa que considere melhor.

De quebra, várias dessas empresas têm a esposa como o "caixa", a filha como "secretária", o cunhado como "auxiliar", e as finanças pessoais acabam ultrapassando a margem do pró-labore, prejudicando o pulmão da empresa e, consequentemente, trazendo dificuldades para toda a família.

Sabemos que uma "vida financeira" abalada afeta diretamente a "vida familiar", por mudanças bruscas nos padrões anteriormente estabelecidos. Mas, parece difícil, para alguns, lembrar disso quando tudo leva a crer que essa água nunca irá faltar. Sim, ela não irá faltar caso seja usada com consciência, respeito e seriedade, e caso o reservatório dessa casa não esteja com vazamento ou sendo desperdiçado por alguém que abriu a torneira.

Saiba que somente ver as contas pagas e um padrão financeiro estagnado, sem reservas, não é sinal de um futuro financeiro promissor. Para isso, é necessário dizer não para muitas coisas, inclusive ao seu sócio/cônjuge, quando o mesmo(a) está querendo gastar (e sabemos que isso não é tão simples!).

Por outro lado, ter os dois sempre com o sinal verde para gastos na empresa e na família é assinar uma sentença de falência. O que fazer nessa hora? Tenha maturidade para compreender que cada um é responsável por uma função ou um setor, e prestará contas de suas tarefas.

Deixe o orgulho de lado e entregue o controle financeiro da sua empresa a quem melhor exerça essa função. Estude sobre esse assunto e procure fazer cursos nessa área (existem também boas empresas que prestam excelentes consultorias e que podem ajudar muito a sua gestão financeira).

Outra dica é "imaginar" que a empresa não é sua, e que o mercado está difícil para conseguir um trabalho com a remuneração que você tem, caso perca a sua empresa (isso já é um bom começo para superar a dificuldade de entender que deve prestar contas de um bom controle financeiro para o seu sócio ou sua sócia).

Aqui, não me refiro à prestação de contas do que cada um faz com seu pró-labore. É inconcebível, em pleno século XXI, um dos sócios/cônjuges ter que dizer tudo que irá fazer com os centavos que ganha, que é direito de cada um, como parte da função exercida na empresa (fica difícil até presentear um ao outro). Não me diga que ele(a) não tem um pró- labore!

Por outro lado, tenha consciência de que o seu cônjuge trabalha tanto quanto você e que, para crescerem ainda mais, precisam ser transparentes, unir forças e não dividi-las. Então, por que não compartilhar e planejar juntos os recebíveis de cada um? Uma empresa e família dividida, como poderão resistir? Portanto, a transparência faz parte dessa terceira chave para uma vida de sócios/cônjuge mais equilibrada.

O que posso fazer, ainda nesta semana, para provocar mudanças positivas no meu relacionamento?

• **Número 1:** descanse! Existe essa palavra? Sim, ela existe! E precisa ser vivida por você! Deixo um exercício... Por pelo menos oito dias consecutivos, evite pegar no celular ou *notebook*, para verificar assuntos gerais, 30 minutos antes de dormir, e isso inclui o extrato bancário ou contas a pagar. O que não pôde ser resolvido antes de descansar será quase impossível resolver nessa hora.

• **Número 2:** peça perdão a quem você magoou. As palavras têm poder! Que tal utilizá-las melhor? Escolhê-las e não pronunciar tudo o que vier à cabeça já é um começo.

Até no máximo três dias, procure quem você magoou e use a palavra perdão para curar a ferida que causou. Essa palavra seguida de arrependimento produz um efeito de cura impressionante em corações feridos.

• **Número 3:** apaixone-se de novo! Por você, pelo seu cônjuge, por sua empresa. É possível? Sim. Uma boa dica para criar o ambiente de sucesso com essa finalidade é: separe algum tempo para vocês verem imagens de como eram as coisas no início, os desafios superados, a maneira que sorriam.

Depois, separe uma foto que represente melhor cada ano vivido como sócios/cônjuges e faça um mural onde possa vê-las diariamente (cada um poderá escolher a sua imagem, mas será o mesmo mural).

E, lembre-se, você é responsável pela história que um dia será lembrada e contada por outras pessoas! Como gostaria de ser lembrado(a)? Nenhum sucesso é sucesso verdadeiro, se tem como custo o fracasso de uma família. Deixe um legado, não apenas uma herança. Até a próxima, pessoal!

3

É hora de decolar

Em um mundo globalizado, onde a palavra agilidade parece ser a mais predominante, aguardar a condução certa, principalmente quando outros que chegaram depois de você já seguiram seu destino, pode ser muito angustiante, por fazer parecer que você foi deixado(a) para trás. É hora de largar o medo, a incerteza, insegurança, dúvida e tudo que o paralisa. Vamos pegar um voo rumo a um futuro bem-sucedido, ao cerne da essência de sua criação.

Denisclei Oliveira de Amorim

Denisclei Oliveira de Amorim

Diretor e fundador do Instituto Arte Com Júbilo; escritor e coordenador editorial; conselheiro do Núcleo de Futebol Oficial do Botafogo (Estrelas do Futuro Marechal Hermes/RJ). *Coach* de alta *performance* (SLAC – International School of Coaching); analista comportamental; discente em psicologia; palestrante e criador do seminário *Desenvolvendo o seu Talento* e *Seja um Sucesso na vida de alguém*, com foco em liderança e capacitação pessoal. Em 1999, abriu mão da estatal na qual trabalhava (Petrobras S/A), e passou a atuar no ramo da educação como ferramenta de transformação positiva social. Sua esposa e sócia, Bianca Amorim, e seu filho, Nicolas Rosh, são suas fontes de força e estímulo. Sua *expertise* é alcançar resultados magníficos, começar do zero, e desenvolver talentos que se encontram limitados. Possui o Título de Cidadão Benemérito, recebido pelo excelente trabalho que realiza por meio da educação.

Contatos
artecomjubilo.com.br
dennis.mentoria@gmail.com

Como será o meu futuro? É hora de decolar

Imagine que você esteja caminhando em direção ao local de embarque de um aeroporto, um dos principais de seu Estado, com várias linhas aéreas que levam a destinos diferentes. Algumas parecem ir aos lugares mais bonitos, porém distantes, outras o levam a lugares perto, e há ainda aquelas que levam você para o outro lado do mundo.

Mas, qual delas o levaria ao seu destino? Qual passagem comprar rumo a um futuro bem-sucedido? Então, você anda pelo saguão do aeroporto até a sala de espera, e vê que ela está cheia de pessoas, algumas delas são conhecidas, talvez amigos e amigas de sua infância.

Com o passar dos segundos, minutos, horas, cada pessoa segue o destino escolhido, e você se vê ali sozinho(a), sentado(a) no saguão de um aeroporto. O que fazer? Qual destino tomar? Pegar um voo para o lugar mais bonito? Pegar o voo para o lugar mais perto? Como lidar com a sensação de parecer ter ficado para trás? Não deveríamos escolher o nosso futuro em meio a esse turbilhão de pensamentos, mas, infelizmente, é assim que acontece com muita gente.

Confesso que não é fácil ver outras pessoas alcançando os seus destinos e objetivos primeiro. A ansiedade parece tomar conta do coração por ver que todos ao redor tomaram rumo a um determinado lugar, e você ainda está ali, parado(a) no saguão de um aeroporto, pensando sobre qual aeronave o levará a um bom futuro.

Saiba que a dúvida faz parte do momento de uma escolha, e se ela surgir, espere um pouco mais ou busque a orientação de um mentor, pois é muito triste ver que pessoas tomaram rumos errados e as consequências foram trágicas. Toda escolha tem um resultado, busque fazer a melhor. Opte por cursar a faculdade dos seus sonhos; dedique-se a uma profissão de que realmente goste; escolha tomar o medicamento na hora certa e lutar pela vida que ainda tem; escolha esperar a pessoa certa para constituir uma família. Lembre-se de que o voo errado nunca o levará ao destino certo, assim como você também não poderá pegar o voo certo se não souber qual o seu destino.

Em um mundo atual e globalizado, onde a palavra agilidade parece ser a mais predominante, aguardar a condução certa, principalmente quando outros que chegaram depois já seguiram o seu destino, faz parecer que você foi deixado(a) para trás. Isso pode ser muito angustiante e um momento tendencioso levá-lo a comprar uma passagem errada de um voo que não o conduzirá ao cerne do propósito de sua existência.

Independentemente do motivo que o levou a estar no saguão do aeroporto da vida, a boa notícia é: você ainda tem a opção da escolha do voo certo que o conduzirá a um futuro brilhante. Ainda é possível escolher o rumo certo a tomar!

Possivelmente você já se pegou algumas vezes imaginando como e onde vai estar daqui a alguns meses ou anos, e como seria maravilhoso poder experimentar a realidade de alguns dos seus sonhos. Antes de comprar sua passagem, é importante levar em consideração alguns pontos que deixo como atividade para você pensar por um instante e anotar cada conclusão de sua reflexão.

1. Que tipo de pessoa você precisa ser para criar a vida que quer?

_____

_____

_____

2. Quais as ações necessárias para ser esse tipo de pessoa?

_____

_____

_____

3. Sua escolha o levará a ações construtivas ou destrutivas?

_____

_____

_____

Veja suas respostas e analise se estão em linha com princípios éticos e morais que acrescentem valores positivos a sua vida e a do outro. Caso a resposta seja sim, sugiro que faça o seu embarque. Se, para isso, no entanto, tiver que ser quem você não deseja, para sentir-se aceito(a) em suas convivências sociais, sugiro que não compre esse bilhete!

Deve ser insuportável fazer uma viagem representando o tempo todo um papel que, no fundo, não lhe faz bem, e perceber que, ao chegar ao seu destino, tornou-se o que não gostaria. E, por falar nisso, as pessoas com quem você tem um círculo de amizade o aproximam ou o distanciam do seu sonho?

Todo ser humano precisa sentir-se parte de um determinado grupo social. Isso é inato. Só não podemos nos vender em prol disso. É natural querer realizar e ser aceito, desde que não precisemos entregar nossos sonhos, princípios, amigos e família. Estar conectado com pessoas que acreditam e valorizam o seu potencial faz toda diferença. Talvez seja a hora de peneirar as pessoas que chama de "amigos(as)". E aqui fica mais uma atividade:

4. Escreva abaixo o nome de cinco pessoas que você pode realmente chamar de amigo(a). (Dica: desconsidere os bajuladores, diplomatas, interesseiros, e vale também desconsiderar os omissos).

_____

_____

_____

_____

_____

E como será o meu futuro? Essa foi a pergunta que meu filho de 12 anos me fez enquanto fazíamos a nossa caminhada no calçadão da praia, na Barra da Tijuca, onde moramos. Então, mostrei a ele um semáforo que estava na luz verde e disse: caminhe ao lado das boas pessoas e daquelas que acreditam em seu talento e, se por um momento achar que não tem ninguém, siga com Deus. Uma hora Ele irá abrir o sinal pra você passar!

Se eu consegui, você conseguirá! Busque o conhecimento e procure ser o melhor que puder ser, e Deus o ajudará. Digo a você, caro amigo(a), que está fazendo esta leitura, a mesma frase que disse ao meu filho: o seu futuro? Será bem melhor do que hoje.

Denisclei Oliveira de Amorim

Para refletir

Às vezes, precisamos apenas de um minuto de coragem para nos lançar ao novo que está diante de nós, e vencermos o medo que tem nos paralisado. Muitas vezes, esse medo é de não sermos aceitos, ou do que as pessoas vão dizer se errarmos. Faça o melhor com o que tem nas mãos, e vá aperfeiçoando. Se não der para fazer tudo de uma vez, faça aos poucos. Faça. Não sabote o seu sonho. A vida é curta, ela vai passar, você fazendo ou não.

Seja um sucesso na vida de alguém! Fazendo conexões

Você se encontra em um momento onde sua vida estagnou e está vivendo aqueles dias em que deseja muito chegar a um lugar planejado, mas as condições não são das mais favoráveis, fazendo parecer que tudo está parado? Você tem a sensação de que a ajuda que precisa está demorando?

Fique tranquilo! Você deve estar parado em algum ponto de conexão na trajetória da vida. Caso diga não, prepare-se! Este capítulo o ajudará a ser uma conexão na vida de outra pessoa, e isso também o aproximará do seu sucesso.

Pessoas estão em ponto de conexão por motivos variados, sejam eles familiares, financeiros, profissionais, emocionais, por questão de saúde e outras mais. Em várias fases da vida podemos ficar parados em algum ponto esperando uma conexão que irá nos levar para perto do nosso sonho, mesmo após já termos feitos longas horas de voo.

Nem sempre a vida nos leva direto à realização dos objetivos traçados e, muitas vezes, assim como os aviões, temos que fazer conexões para chegar ao nosso objetivo. Dentre vários significados para a palavra conexão, a que mais se aproxima do termo usado em viagens aéreas é: ligação de uma coisa com outra.

Existe uma grande diferença entre uma conexão e uma escala. No voo com conexão, o passageiro deve desembarcar da aeronave em outra cidade e embarcar em outro avião rumo à cidade destino. É possível, ainda, embora mais raro, que haja mais de uma conexão. O voo com escala é aquele em que o avião aterrissa em uma ou mais cidades antes do destino final, para desembarque e embarque de outros passageiros. Porém, não é preciso deixar a aeronave. O seu destino já foi comprado por sua passagem, e por mais que pareça ruim o ponto de espera, logo você estará voando em direção à realização do seu objetivo e sonho.

Em ambos os casos, poderíamos associá-los a uma ponte. Na trajetória da vida em direção a alcançar nossas metas e objetivos, dificilmente pegamos trajetos diretos. Nossa decolagem do estado atual para o estado desejado sempre terá conexões com pessoas que serão como pontes, um sucesso em nossa vida, para que a nossa vida seja um sucesso.

Acredite, pessoas de sucesso não são somente figuras públicas, famosas, ou de elevadas condições financeiras, pessoas simples e anônimas também fazem a nossa vida ser um sucesso todos os dias.

Há alguns meses, eu estava indo com minha esposa, Bianca, e o meu filho, Nicolas, para fazer o lançamento do livro *Notas de sucesso* (O primeiro desta série. Não deixe de adquirir), na Livraria da Travessa, no Barra Shopping no Rio de Janeiro, onde um expressivo grupo de pessoas de sucesso nos aguardava para mais uma de nossas palestras por título "Seja um sucesso na vida de alguém, isso é sucesso".

O trânsito naquele dia estava muito ruim, mais do que o normal, em virtude do evento chamado Rock in Rio. E, para dificultar ainda mais, acabei tendo uma intercorrência com o *blazer* que vestia, ao parar para tomar um cafezinho em um posto de combustível.

Resolvido o problema com o trânsito, cheguei ao Shopping onde seria a palestra, com aproximadamente uma hora de antecedência. Estava tenso e com uma grande expectativa em relação ao público que nos aguardava – médicos, educadores, artistas, colaboradores de algumas empresas, amigos e familiares.

Eu tinha duas difíceis missões antes de o evento começar: a primeira, achar outro *blazer* que gostasse e combinasse (isso dependeria basicamente de mim); a segunda, ter um atendimento ágil e eficiente no ato da compra (isso dependeria de outras pessoas).

Ao chegar à loja, selecionei a peça desejada, e dirigi-me para o provador, onde prontamente fui atendido por uma colaboradora, que até então não sabia o nome. Percebi que ela tinha algumas "limitações", possivelmente provenientes de algo que atingiu o sistema motor e a fala. Porém, isso não foi o que me chamou a atenção (limitações? Quem não tem?), mas o empenho daquela colaboradora em oferecer o melhor atendimento sem saber que eu estava há alguns momentos de iniciar uma tarde de autógrafos em uma livraria perto daquela loja.

Enquanto eu provava o *blazer*, minha esposa conversava com aquela jovem que dizia o quanto estava feliz por ter conseguido aquele trabalho, e se surpreendeu em ver como cada cliente que chegava era muitíssimo bem atendido por ela. Aquela colaboradora de aproximadamente 30 anos era um sucesso para aquela empresa (e é exatamente isso que falamos em nossas palestras destinadas a empresários e colaboradores. Todos os dias há uma pessoa anônima que torna a nossa vida um sucesso!).

Blazer comprado, porém um pouco amassado para o nobre evento que se aproximava. Ao comentar com minha esposa sobre isso, a colaboradora ouviu e, com muita presteza, disse que poderia dar uma "esticada" nele no vapor. Fiquei impactado! A sensibilidade daquela funcionária em atender pessoas era impressionante.

Então, perguntei: qual o seu nome? E ela respondeu: Jucilene. Agradeci e, imediatamente, dirigi-me ao gerente do estabelecimento informando-o sobre o excelente atendimento que acabara de receber, e falei que gostaria de fazer um registro do que havia ocorrido. Recebemos uma folha chamada "Encantômetro", e escrevi tudo quanto escrevo agora neste relato, e um pouco mais de nossa gratidão.

Jamais esquecerei o quanto Jucilene, naquele dia, foi um sucesso em nossas vidas, para que pudéssemos ser um sucesso na vida de outras pessoas. Durante a minha palestra naquela livraria, aquele fato não saía da minha mente, pois acabara de vivenciar o que palestramos. Então, após isso, não paramos de citar a Jucilene em todas as outras cidades e estados por onde temos ministrado.

Todo sucesso na vida de alguém passa pela vida de outra pessoa. Sabemos que o ser humano não é uma ilha e que, por mais que tenhamos muitos conhecimentos positivos a transmitir, sempre existirá no outro algo que complementa o nosso sucesso. Pessoas ajudam pessoas a serem bem-sucedidas!

Se você se torna especialista em resolver o problema de alguém, será bem retribuído(a) por isso. Maiores problemas necessitam de melhores especialistas que, consequentemente, receberão maiores retribuições. Já pensou? Com todo o lixo que produzimos diariamente, se não tivéssemos pessoas para removê-los de nossas ruas, residências, empresas e cidades, como seria nossa vida? Pessoas anônimas fazem a nossa vida ser melhor todos os dias, e isso faz elas serem um sucesso!

Atividade 1: pense por um instante na pergunta abaixo, responda, e depois ache alguma forma de demonstrar a sua gratidão.

Dica: o elemento bicicleta poderá ser substituído por outro, até mesmo subjetivo. Ex: dirigir; cantar; ler; lecionar; cozinhar; pescar etc. O importante é pensar em algo que deixou uma memória afetiva positiva em você. Agora responda...

Quem o ensinou a andar de bicicleta?
R._____

Aplicação: para você sair por aí pedalando pela vida, alguém já o segurou um dia e o ensinou a pedalar sem o apoio das "famosas" rodinhas. Claro que a metáfora da bicicleta é só para refletirmos sobre outras áreas da vida, onde fomos conectados a pessoas que nos ajudaram a ser um sucesso. Acredito que não seja necessário muito esforço para lembrar-nos de alguém que foi um sucesso em nossa vida para que pudéssemos chegar aonde estamos agora. Como escritor e coordenador editorial, gostaria de expressar aqui minha gratidão aos amigos Mauricio Sita, Claudia Pires, Alan Cardoso e Jaques Grinberg.

Objetivo: lembrar-se de pessoas que foram conexões importantes em áreas específicas da sua vida e demonstrar sua gratidão a elas.

Atividade 2: liste três nomes para cada área abaixo e em, no máximo 72 horas, faça um agradecimento a cada nome de sua lista.

Familiar	Emocional	Intelectual	Profissional	Financeira

Considerações finais

Tenha um plano de voo

Antes de decolar, faça o correto planejamento de sua carreira, e aumente visivelmente a possibilidade de um futuro seguro e bem-sucedido. Planejar é buscar conhecimento antecipado das informações necessárias referente às atividades que se deseja realizar, buscando os recursos internos e externos para isso.

Reabasteça

É necessário analisar durante cada etapa se você possui reservas suficientes para terminar o que começou. Crescer e alcançar sucesso não é o mais difícil, mas manter uma carreira e uma vida de vitória aponta para crescimento contínuo!

Muitas vezes, esquecemo-nos de fazer as paradas necessárias para reabastecer durante o percurso. Entenda que a sua saúde é o seu melhor capital, e que nenhum dinheiro do mundo poderia comprá-la. Então, gerencie a energia de sua vida e de sua carreira.

Prepare-se para aterrissar

O momento de um avião aterrissar é tão importante e decisivo quanto o de decolar, talvez até mais. Você não iria querer que uma carreira bem-sucedida fosse lembrada por um trágico final. Quanto mais alto quiser ir, menor ficará a margem de erro e, em alguns casos, não cabe erro algum.

Não podemos nos iludir, é impossível querer um trabalho para ganhar um milhão de reais e assumir responsabilidades que equivalem a dois reais. O nível do seu sucesso será equivalente ao nível do risco que você irá gerenciar. Mas, tenha fé, não tenha medo, você chegará em paz ao seu destino.

Forte abraço!

4

Minha história de sucesso

Desafios me movem. Não tenho medo de desafios,
tenho medo da zona de conforto. Acredite em você e aja!!
Se eu consegui, você também consegue!!

Erika Farias Ribeiro

Erika Farias Ribeiro

Franqueada de 4 unidades Microlins Guarulhos, franqueada OdontoCompany também em Guarulhos e *Master* Franqueada do Instituto Ana Hickman em toda grande São Paulo, baixada Santista e Vale do Paraíba. Esposa e sócia de Rodrigo Ribeiro e mãe de Eloá (7 anos) e Naomi (3 anos). Formada em Administração financeira (FIG) com MBA em Gestão empresarial na Fundação Getulio Vargas. Empresária, mentora e *coach*. Meu negócio são pessoas e não há nada que ame mais do que inspirá-las e mentorá-las a realizarem seus sonhos por meio de suas próprias conquistas, mostrando a elas que todos temos tudo o que precisamos para o sucesso.

Contatos
mastersp-vdp-gsp@institutoanahickmann.com.br
(11) 94788-9866

Desde cedo entendi que sucesso é o encontro de trabalho duro com o preparo.

Venho de uma família humilde, como a grande maioria dos brasileiros. Meu pai, Farias, sempre trabalhou em vendas. Minha mãe, Cleusa, era servente de escola estadual. Orgulho-me muito deles. Cresci vendo os dois batalharem muito. Eles me ensinaram a ser uma mulher independente e, principalmente, que não importava o quanto eu iria conquistar na vida, mas que meu nome seria sempre aquilo que eu teria de maior valor, pois seria a única coisa que iria perpetuar mesmo após concluir meu propósito nesse mundo.

Quando pequena, por volta dos cinco anos, lembro-me de que em um dia na escola dominical da igreja que frequentava a professora nos perguntou "Se você pudesse fazer um único pedido a Deus, o que pediria?". Estávamos ali em diversas crianças dessa mesma idade, sentadas em uma roda, e comecei a ouvir pedidos como uma boneca, uma bicicleta, etc. Eram pedidos normais para crianças naquela idade. Chegando a minha vez, eu soltei "Eu quero ter Garra!". Instantaneamente, as demais crianças começaram a debochar e a imitar as garras de um animal. Lembro-me de que fiquei muito brava, pois, claramente, para mim, não era aquele tipo de garra que eu estava mencionando. Eu tinha plena convicção do que estava pedindo a Deus naquele momento.

Lembro-me, também, e meu pai não me deixa esquecer, de que quando tinha por volta de sete ou oito anos, eu e meus irmãos mais velhos pedimos a ele uma bicicleta, de presente de natal, e ele nos devolveu o pedido com uma pergunta: vocês irão passar de ano? Ele fez essa pergunta de forma individual, começando pela minha irmã mais velha, depois pelo meu irmão do meio até chegar em mim. A resposta que teve dos dois primeiros foi a de que não tinham certeza, pois ainda não tinham feito as provas finais e que dependeriam do resultado para saberem. Chegando em mim, rapidamente respondi que SIM. Não me lembro bem da cena, mas imagino que devem ter me olhado com certo espanto. Então, ele me perguntou novamente: "Mas como você sabe que vai passar de ano?". E respondi: "Vou passar porque vou estudar para isso!".

Essas histórias sobre minha infância fazem-me ter a certeza de que sempre soube, mesmo sem saber exatamente como, que os meus resultados dependeriam somente do meu esforço e da minha fé em Deus, e tudo aconteceria sem sombra de dúvidas.

Eu sei que a vida não é tão simples ou matemática assim, mas eu também sei que se Deus nos fez à sua imagem e semelhança, todos nós nascemos com as mesmas possibilidades. Então o que precisamos é agir como Ele gostaria, já que o resto já nos deu por amor e não por merecimento.

Aos 14 anos comecei minha dupla jornada, entre o trabalho e os estudos. Até me formar em Bacharel em Administração Financeira e no MBA de gestão empresarial na Getúlio Vargas, me desdobrava entre ser a melhor profissional que conseguia e também ser uma boa aluna. Após a formatura, trabalhar em média 12 horas por dia fazia parte da minha rotina.

Se isso me deixou doente, estressada ou depressiva? Nunca! Isso fez com que eu alcançasse meus objetivos rapidamente. Trabalhei no mundo corporativo até meus 30 anos. Olhando toda minha carreira profissional, me considero uma mulher de sucesso desde quando iniciei como estagiária, telefonista, telemarketing, assistente administrativo, vendedora, supervisora de vendas e empresária atualmente.

Sucesso para mim não está diretamente ligado a ser dona de algum negócio, mas sim ser dona das minhas atitudes e ser boa, muito boa em tudo que eu venha a me propor a fazer. E foi com esse pensamento que subi cada degrau e obtive todo reconhecimento profissional e financeiro em minha vida.

Venci talvez um dos maiores desafios da minha carreira, que foi o preconceito e o machismo que existia na empresa onde trabalhei por volta de 10 anos antes de me tornar uma empresária. Na época a empresa já tinha aproximadamente 65 anos de existência e nunca uma mulher havia feito parte do quadro comercial daquela instituição. Saber disso se tornou um desafio ao qual eu não deixaria de vencer. E assim foi. Após quatro anos trabalhando lá consegui mostrar meu valor e tudo que eles poderiam ganhar mantendo-me naquele cargo.

Disputei aquela vaga com muitos outros homens que já trabalhavam lá há muito mais tempo que eu. E mesmo passando no processo seletivo por mérito, ouvi por muito tempo, nos bastidores, as pessoas tentando justificar o fato de eu ter conseguido aquela oportunidade, dizendo a cada semana que eu tinha um caso com um diretor diferente na empresa. Não foi nada fácil, pois eu sabia que teria que trabalhar muito mais que os demais, já que eram homens e ainda assim ouvia esse tipo de coisas. Mas como para mim o que importava era como Deus me enxergava e não como as pessoas me veem, segui firme e superei todos os desafios e metas ao longo do tempo, tornando-me, após ser a primeira vendedora, também a primeira supervisora de vendas daquela empresa, podendo assim romper de vez o preconceito e abrir as portas para qualquer outra mulher também entrar para aquele time não pelo sexo, mas pela sua competência.

Tenho muito orgulho desse feito, pois hoje essa mesma empresa possui mais mulheres do que homens não só liderando como sendo lideradas nesse departamento. E algumas são minhas amigas pessoais até hoje.

Quando estava completando 10 anos de empresa, me casei com o Rodrigo. Ele, por sua vez, já iniciou a vida profissional como empreendedor. Pouco tempo após nos casarmos, um amigo dele nos ofertou a compra de uma escola na área da beleza. Como o Rodrigo já tinha outros negócios, não teve interesse em tocar essa escola. E eu me vi pela primeira vez pensando no assunto, entrar neste mundo do empreendedorismo tão desconhecido para mim ou continuar minha carreira no mundo corporativo.

Confesso que na hora tive um certo receio, afinal eram dez anos de carreira em uma empresa que já conhecia tudo e todos e sair de lá seria arriscar tudo.

Tinha uma decisão a ser tomada e bastante difícil, tudo na minha vida foi construindo por situações desafiadoras e se até ali eu não havia deixado me abater não seria aquele o momento. Minha primeira atitude foi orar. Sim, orar, saber o que Deus queria de mim. E assim o fiz até sentir aquela paz e aquela certeza que só quem tem sabe qual é. E comuniquei a empresa sobre minha decisão.

Recordo-me de que meu diretor na época tentou de todas as formas me convencer a não sair e me mostrou que a empresa ainda tinha planos para mim. Mas como disse de início, eu havia orado antes de tomar essa decisão. E se Deus havia me confirmado, não tinha o que temer, nem propostas a serem feitas que me fizessem recuar. Até que, ele vendo que realmente eu estava convencida, me disse "Erika, de uma coisa eu tenho certeza, vai dar tudo certo! Pois se você se dedicar lá o quanto você se dedica aqui, não tem como dar errado". Aquelas palavras entraram em mim como vindas da boca do próprio Deus e me deram ainda mais convicção de que existia um propósito maior.

E assim se iniciou minha jornada empreendedora. Passei dois anos batalhando muito para erguer aquela escola, tive ajuda de muitas pessoas que são queridas até hoje.

Passados os dois primeiros anos, tive a notícia da minha primeira gravidez. Foi uma alegria indescritível. E, junto com ela, um senso de responsabilidade que não havia me preparado antes. Afinal, cresci estudando e trabalhando para ter uma carreira de sucesso. E naquele momento eu precisava me preparar para também ser uma mãe de sucesso, pois Deus havia me confiado uma vida totalmente dependente de mim.

Mais uma vez orei e pedi sabedoria. Senti que o time não estava preparado para seguir sem ter uma liderança adequada. Com isso, decidi vender a unidade, já que a mesma estava em um ótimo momento comercial.

Passei seis meses me dedicando a conhecer e desempenhar esse tão novo e maravilhoso papel em minha vida, que era de ser mãe. E posso dizer, olhando minha filha Eloá hoje, que ela tem o coração mais lindo e doador que conheço. E que sou uma mãe de sucesso.

Passado este período voltei a ativa como sócia na Microlins Guarulhos, com o desafio de mudar a cultura organizacional e educacional das escolas que já existiam a quinze anos na cidade. Se não bastasse todo esse desafio, logo que iniciei veio à tona um problema familiar de dependência química, por parte do meu marido. Ele precisou se afastar das atividades nas escolas para se tratar.

E quando eu pensava que já sabia qual era o desafio da vez, a vida, que é uma caixinha de surpresas, me apresentou mais uma. Tinha que conseguir cuidar do meu bebê que estava com oito meses naquele momento, me manter emocionalmente equilibrada diante da situação e dar conta de mais três escolas as quais eu não conhecia praticamente nada da operação, pois se tratam de escolas de cursos profissionalizantes e eu apenas tinha iniciado minha empreitada na área da beleza pouco tempo antes.

Naquele momento eu tinha duas escolhas. Como tudo na vida, sempre teremos escolhas. Eu poderia ser a vítima da situação, me deprimir, sentar e chorar. Ou ser a dona das minhas atitudes, erguer a cabeça, arregaçar as mangas, lutar e vencer.

Mais uma vez orei muito, pedi para Deus que me desse aquela GARRA que lá atrás, na infância, eu havia pedido a Ele. Naquele momento percebi que ela nunca havia saído de mim, me dei conta que Ele realmente tinha me dado isso de presente e que eu nunca havia deixado de usá-la durante toda minha trajetória.

Como não conhecia a fundo a operação da empresa, fui literalmente trabalhar junto com o time, abordar pedestres, entrar nas vendas, rodar matrícula, fazer cobrança, acompanhar em sala de aula os professores, etc. Passei meus primeiros dois anos literalmente com a mão na massa.

Não tenho dúvidas que essa foi a melhor estratégia e decisão que poderia tomar no momento, pois eu pude ter domínio completo de como meu negócio realmente funcionava e consegui entender quais eram os verdadeiros motivos que as empresas não estavam mais faturando e lucrando como no passado. Com essas respostas e conhecimento prático que adquiri tive também o reconhecimento do time por saberem que estavam sendo guiados por alguém que eles sabiam ter vivido e conhecido o dia a dia de cada um deles achei caminhos e comecei uma incessante jornada de treinamentos, demissões e contratações que na verdade não pararam até hoje e nunca irão parar.

Pela graça de Deus e muita força de vontade após um período de tratamento meu marido voltou à ativa, juntos buscamos ainda mais conhecimento para entender como direcionar tantas vidas com características completamente diferentes ao mesmo tempo.

Iniciamos aí uma longa jornada de conhecimentos, começamos a fazer o curso *MasterMind* da Napoleon Hill; Método CIS; *Coaching*; palestrantes; *Business* da Febracis; Ressignificar e Mentoria da Move Mind e muitos outros. Não paramos até hoje essa imensa busca por aperfeiçoamento pessoal e contribuição ao nosso time.

Nessa fase pude de forma concreta entender qual é o meu propósito de vida, aquele grande motivo ao qual Deus me pôs nesse mundo.

Erika Farias Ribeiro 43

Pude, assim, descrever o propósito da empresa, assim como seus valores e princípios. E acima de tudo pude nortear minha gestão baseada em tudo isso, pois não tem como viver ou liderar de forma incongruente.

Em meio a tudo isso, ganhei meu segundo tesouro de Deus, minha filha Naomi. Dessa vez já com um time forte e preparado, pude me afastar também por seis meses para me dedicar a ela com a segurança de que tudo correria bem.

Hoje, juntos, temos outros negócios, como uma clínica odontológica da OdontoCompany, além de sermos máster franqueados do Instituto Ana Hickmann em toda grande São Paulo, Vale do Paraíba e Baixada Santista.

Isso tudo só se fez possível quando entendi que não faço gestão de nenhum negócio, mas sim faço gestão de muitas pessoas e essas pessoas sim fazem a gestão do negócio. Time esse que posso dizer, sem medo de ser feliz e com muito orgulho, que é formado de pessoas incríveis, e com atitudes extraordinárias, que transformam vidas todos os dias. Pois, antes de qualquer coisa, também tiveram suas vidas transformadas e hoje podem ser um agente de transformação para muitas outras pessoas em seus caminhos.

Gratidão pra mim é a base de tudo e minha gratidão a Deus está acima de qualquer coisa.

Não tenho como citar nomes ou teria que escrever um livro só pra falar sobre o tamanho da minha gratidão a minha família, meu time, amigas, a cada um que Deus colocou no meu caminho, que fizeram e fazem parte dessa história de grande sucesso e também aquelas que ainda virão pois essa história tem passado, tem presente e um grande e belo futuro que já está sendo plantado.

5

Minha caminhada

Quero dividir com vocês um pouco da minha trajetória de vida e carreira, desafios e aprendizados que me levaram do posto de estagiária à empresária. Hoje, aos 37 anos, sinto-me realizada e nostálgica em poder relembrar de toda caminhada até aqui, mas, ao mesmo tempo, com o olhar visionário de uma empreendedora.

Gabriella Cardoso

Gabriella Cardoso

Bacharel em piano pela UNICSUL–SP. Lecionou em diversas escolas de músicas e do ensino regular com aulas de musicalização infantil e piano. Pós-graduada em tecnologias interativas aplicadas à educação, pela PUC–SP, e em planejamento, implementação e gestão de cursos a Distância – UFF – Universidade Federal Fluminense – RJ. Sócia-fundadora da ETAG - Soluções em Tecnologia, empresa com dez anos de atuação no mercado musical. Desenvolveu e trabalhou com cursos de musicalização na capacitação de professores de artes utilizando Ambiente Virtual de Aprendizagem na modalidade semipresencial.

Contatos
www.etaginformatica.com.br
gabriella@etaginformatica.com.br

O início da caminhada

Desde muito pequena, meu pai sempre me incentivou a tocar o famoso Acordeon Todeskini, que ficava guardado em um estojo a sete chaves no quarto dele, onde está até hoje. Escutei muitas promessas a qualquer um dos quatro filhos que conseguisse aprender a tocar o tão querido instrumento. Mas, como eu ainda era muito pequena, não conseguia nem segurá-lo direito. Desde criança, sempre fui apaixonada por música, mas apenas aos 15 anos tomei a iniciativa de começar a estudar, já "velha" para os padrões ditados pela sociedade, para uma carreira musical.

Matriculei-me no Conservatório Municipal de Vitória da Conquista, cidade onde nasci na Bahia para estudar teclado. Após cinco meses estudando, fui convidada pela professora a estudar e estagiar no Conservatório Particular, do qual ela era dona. Havia percebido meu interesse pela música e vontade em aprender, uma aluna dedicada e que poderia auxiliá-la com alunos iniciais no Conservatório, como estagiária, foi o que ela disse para minha mãe, na época.

Aprendi muito com essa professora, além de estudar piano, foi ali que comecei com 16 anos a trabalhar. Lembro-me de que ao entrar na sala para lecionar a alunos bem mais velhos, médicos, advogados, entre outros, eles questionavam quem iria dar a aula. Foram sete anos de muito aprendizado musical e profissional.

Trabalhava todos os dias e tentava estudar nas horas vagas. Apesar de estar no interior da Bahia, todos os anos eu fazia prova pelo Conservatório Brasileiro de Música (CBM), no Rio de Janeiro, que, naquele tempo, mantinha convênio com algumas escolas de música em várias partes do País, oferecendo certificado reconhecido pelo MEC.

Após me formar pelo Conservatório, decidi continuar estudando música, mas, para isso, teria que me aventurar vindo para São Paulo. Começava, então, uma nova jornada da minha caminhada, numa cidade desconhecida para mim, com tantas oportunidades e obstáculos.

Gabriella Cardoso

Continuando a caminhada

Foi um pouco loucura na época, porque eu não tinha nem dinheiro e nem tanto talento assim para tomar a decisão de fazer uma faculdade de bacharel em piano, principalmente aqui no Brasil. Mas foi somente com o apoio da família, principalmente dos meus pais, em me deixar sair de casa, que tive a coragem de enfrentar os desafios, não só de ir morar em uma cidade grande e desconhecida, mas de estudar música, uma profissão incerta e desafiadora. Lembro-me do meu tio aqui em São Paulo, que me acolheu nesse período, sempre me perguntar: por que você não presta vestibular para direito?

Algo que aprendi nessa fase foi: nunca desistir dos sonhos. Se o que você quer fazer é correto, acredite nisso e vá em frente, não importa a sua idade ou condição financeira, é preciso ao menos tentar. Apesar de toda a dificuldade, mantive o foco, pois era um sonho continuar estudando e viver de música. Toda profissão terá suas dificuldades e seus desafios, então, por que não fazer pelo menos o que gosta? A música foi o que me moveu...

✓ **Reflexão:** "e na sua caminhada, o que o move?"

Com 15 dias em São Paulo, arrumei um emprego para dar aulas de musicalização em uma escola de educação infantil, na região de Interlagos. Foi outra loucura, porque não tinha experiência para trabalhar com musicalização infantil em grupo, com crianças a partir de três anos de idade. Era uma proposta completamente diferente do que estava acostumada com música. Tinha que começar a trabalhar com atividades lúdicas, algo que vim aprender somente aqui em São Paulo. Era completamente novo para mim.

O que faria? Precisava trabalhar para ajudar nas despesas. Foi então que, após ser contratada pela escola, na mesma semana comecei a fazer um curso de capacitação para professores em musicalização, com a Enny Parejo, por quem tenho um imenso carinho e admiração. Aprendi muito, principalmente nas dinâmicas que ela realizava durante o curso para trabalhar a sensibilização do professor.

Frequentava o curso aos sábados e aplicava tudo o que aprendia na semana seguinte com os pequenos. Foi uma época em que eu aprendia muito mais com as crianças do que elas comigo. Acabei me apaixonando pela musicalização infantil. Fiz vários cursos e me aprofundei bastante no assunto. Mais tarde, no período da faculdade, pude auxiliar colegas que passaram pela mesma situação. Tocavam muito bem, mas não tinham experiência com musicalização. Sou muito grata por tudo.

Após três meses, fui morar em Guarulhos com uma tia que me acolheu de coração, a casa dela ficava bem mais perto da universidade. Sabe aquelas pessoas que você vai ficar devendo, pelo resto da vida, por algo que elas fizeram e dinheiro nenhum paga? Não foi um início fácil. Poder contar com pessoas como a tia Nice fez toda a diferença. Hoje e sempre, a ela, só gratidão.

Comecei a estudar na Universidade Cruzeiro do Sul, que, na época, oferecia poucas vagas para o curso de música com habilitação em piano, violão erudito e canto. Como era bolsa, havia uma concorrência muito grande. Lembro-me até hoje do dia da prova prática de piano do vestibular.

Eram apenas seis vagas para o curso de piano, e eu comentei com a minha "concorrente" que estava ao meu lado, que depois se tornou uma grande amiga e parceira em sala de aula, que eu iria passar, pois o meu pai era dono da universidade. Ela se assustou na hora, mas, depois, expliquei que me referia a Deus, e esse é, com certeza, o segundo aprendizado que tive.

Tenha fé para superar seus obstáculos na vida, na carreira e nos negócios. Acredito que pensamentos positivos atraem coisas boas, e aplico isso todos os dias em minha vida. Escolha ser uma pessoa positiva e atrairá bons frutos. Sempre peço ao Espírito Santo para conduzir minhas ações diárias e me tornar uma pessoa melhor.

✓**Reflexão:** como estão os seus pensamentos? O que tem atraído para a sua vida diariamente?

Fiz muitos cursos paralelos quando estava na faculdade, a maioria deles na área da musicalização infantil. Estudei com pessoas de renome nessa área, e com muita experiência. Isso me abriu um leque muito grande de oportunidades de trabalho, além das aulas de piano que já ministrava.

Durante a graduação, tive também a oportunidade de iniciar uma pesquisa científica financiada pelo PIBIC - UNICSUL, intitulada: *A formação em música dos professores de educação artística na rede estadual de ensino na cidade de São Paulo*. O objetivo era diagnosticar a carência ou não na formação do professor de artes na linguagem musical. Os professores de artes deveriam dominar as quatro linguagens de expressão artísticas: música, artes plásticas, teatro e desenho, substituindo pela dança.

A pesquisa mostrou que havia muitos professores que possuíam o currículo, mas não tinham conhecimento musical para atuar no mercado. Esse era um grande problema que poderia se tornar em uma oportunidade a ser explorada. O meu objetivo, ao final da pesquisa, era propor um curso de capacitação em música para esses professores que saíam da faculdade de artes sem conhecer o suficiente para ensinar. No entanto, essa ideia só se concretizou dois anos mais tarde, quando fiz a pós-graduação pela PUC-SP.

Música e tecnologia: um casamento perfeito

Logo após terminar a faculdade, casei com o Alan Cardoso, especialista em engenharia de sistemas, com grande conhecimento musical. Posso dizer que foi um casamento perfeito: música e tecnologia! – brincadeiras à parte. Com o casamento, começamos a analisar as possibilidades de unir música e tecnologia. Foi então que surgiu a ETAG, empresa que completou dez anos em 2019, e tem o seu foco de atuação no desenvolvimento de soluções em tecnologia para o mercado musical. Com isso, busquei completar a minha formação, principalmente em como auxiliar a educação musical com o uso da tecnologia.

As pós-graduações na PUC e na UFF-RJ, nas áreas de tecnologia aplicadas à educação, gestação, e implementação de cursos a distância me abriram um leque de possibilidades. Uma delas foi ministrar cursos de capacitação de professores de artes na modalidade semipresencial, utilizando o nosso primeiro projeto com ambiente virtual de aprendizagem musical.

Posso afirmar que o meu maior mentor tecnológico foi o meu marido, que me ajudou muito a conhecer as diversas possibilidades que a tecnologia poderia trazer para o universo musical, desde os pequenos projetos realizados em sala de aula durante a pós-graduação, até os serviços que oferecemos hoje para as escolas de música.

Um aprendizado que tive na época, que me ajudou muito na carreira profissional, foi "pensar fora da caixa", ter um olhar mais abrangente para otimizar a minha visão de mundo, tanto pessoal quanto profissional.

✓ **Reflexão:** já pensou fora da caixa em seu negócio? Ou fugiu dos padrões estruturados e convencionais da sua profissão? Use a sua criatividade, destaque-se!

Novas experiências

No início de nossa empresa, continuei trabalhando nos colégios do ensino regular e em escolas/conservatórios musicais. A ETAG estava apenas começando, mas o primeiro serviço que oferecemos para o mercado musical era grande, algo inovador. As escolas de música não tinham um sistema de gestão para fazer a administração da escola. Ambiente *online* de aprendizagem, naquele momento, seria um luxo que eles não estavam dispostos a pagar e nem conseguiam ver as grandes possibilidades que isso traria para o negócio.

Desenvolvemos, então, o Acorde – sistema de gestão, *software* específico para escolas de música. Não poderia deixar de citar o nome da amiga Valéria Forte, diretora da CAEM - Central de Apoio às Escolas de Música, com minha enorme gratidão pelos seus aconselhamentos no início da empresa.

Com um ano de empresa, fui convidada a trabalhar na Roland Brasil, para coordenar um programa para escolas de música. Foi um tempo muito bom, conheci gente interessante, tive vários contatos com empresas, escolas, e excelentes colegas de trabalho... Enfim, trabalhei muito e aprendi bastante também. Era a primeira vez, desde os 16 anos, que eu trabalhava em uma empresa que não fosse uma escola/conservatório musical.

Após três anos, saí da Roland para ficar somente na ETAG, a empresa estava em um momento muito bom. Havíamos acabado de lançar um produto, reformulando o ambiente virtual de aprendizagem para uma plataforma de Teoria Musical *online*, com conteúdo interativo. Era muito inovador para a época. O Portal Educa Music possui conteúdos interativos de teoria musical, facilitando bastante para as escolas, pois, como solução, resolve alguns problemas em relação às aulas de teoria individual e em grupo.

Em 2017, fomos pioneiros mais uma vez, lançando uma plataforma de *games* educacionais exclusiva ao mercado musical no Brasil, com estratégias de uso para os professores aplicarem os *games* em sala de aula, a fim de atrair a atenção dos alunos no ensino da música.

Momento empreendedor

Como empreendedora, aprendi que inovar era a melhor forma de fazer sucesso e que, para ter uma empresa, não precisava, necessariamente, de uma estrutura física enorme com equipes gigantescas espalhadas em vários departamentos diferentes. Não é a quantidade de pessoas ou sua estrutura física que vai fazer toda a diferença no crescimento e estabilidade de uma empresa, mas, sim, ter pessoas com a capacidade de se reinventar de forma criativa no seu negócio.

✓ **Reflexão:** como está o seu olhar sobre as inovações e mudanças que vêm ocorrendo no mundo? Na sua vida pessoal e profissional, o que pode ser melhorado ou criado para o seu crescimento rumo ao sucesso?

Tem sido muito gratificante poder contribuir com o setor musical, por meio de soluções em tecnologia. Acredito que ouvir das escolas: "você me ajudou muito a crescer com os seus serviços!" seja o meu maior sucesso! Agradeço a todos que acreditaram e ainda acreditam no meu trabalho.

✓ **Reflexão:** o que é ter sucesso para você?

Finalizo com muita gratidão. Primeiramente a Deus, pelo dom da vida, à Editora Literare Books International, pelo convite e oportunidade de participar deste livro, mesmo com o prazo de cinco dias para escrever, que se resumiram em algumas horas no sofá com o *notebook* na mão e com o meu maior projeto de vida, meu lindo filho Rafael, de dois anos, disputando a atenção ao meu lado. A todas as pessoas, em especial "painho e mainha", a meus irmãos pelo apoio e carinho, aos amigos, parentes, colegas, clientes que me apoiaram nessa longa caminhada. A meu marido, pelo papel fundamental que teve e tem na construção da mulher que sou, e por todos os momentos em que esteve ao meu lado em mais essa conquista.

6

O grande erro dos empresários do segmento da educação

De uma forma simples e objetiva, irei falar sobre atitudes que já conhece, mas não pratica. Sim, você irá refletir, elaborar estratégias, definir metas, e passará a ter foco se compreender a importância de mudar para alcançar os seus objetivos e sonhos. É possível, com inovação e novas atitudes, fazer sempre o mesmo e ter novos resultados? Qual foi a sua última inovação em vendas? Ficou curioso? Se sim, este capítulo foi escrito para ajudá-lo. Eu confio em você, acredite no seu potencial e conte comigo!

Jaques Grinberg

Jaques Grinberg

Consultor de empresas e palestrante especializado em *coaching* de vendas. MBA em *Marketing* na Fundace (USP); Gestão Pessoas pelo IBMEC; Teatro Executivo na FAAP. Formação em *Coaching* pela Sociedade Brasileira de Coaching (SBC); formação profissional em Hipnose Clínica (IBFH). Certificado internacional em PNL, Técnicas de Negociação (Dale Carnegie), entre outros diversos cursos. Conhece, na prática, as dificuldades de vender; é empresário e sócio em quatro empresas. Conhecido nacionalmente por diversos artigos e matérias nos principais jornais do País, rádios e TV. Foi capa da revista Exame PME edição 40, participou como convidado do programa PEGN da Globo, e é caso de sucesso no site Sociedade de Negócios do Banco Bradesco. Autor do *best-seller 84 Perguntas que vendem*, publicado pela Editora Literare Books, com milhares de exemplares vendidos, e coautor em mais de dez livros de vendas, liderança, carreira e empreendedorismo.

Contatos
www.queroresultados.com.br
www.imersaoemvendas.com.br
www.jaquesgrinberg.com.br
(11) 96217-1818

Empreender no Brasil é um grande desafio, empreender no segmento da educação, para muitos, é loucura. Realizar um sonho de compartilhar conhecimento, independentemente da área, é para poucos que acreditam que vale a pena – eu acredito!

Conhecimento é um investimento vitalício e não ocupa espaço! Sabemos que muitos empresários do nosso segmento desistiram, buscaram novos negócios, ou voltaram para o mercado de trabalho. Certo, acredito que sim, para eles. Para nós, que continuamos seguindo nossos sonhos, conheço quem está apenas conseguindo pagar as contas, outros com prejuízos e alguns lucrando.

Existem escolas lucrando? Sim!

E a crise? Se existem escolas lucrando, a dificuldade de algumas não é culpa da crise, é preciso inovar, fazer diferente para fazer a diferença. Os clientes mudaram, estão mais inteligentes e buscam empresas sérias e éticas. Querem fazer cursos nas melhores escolas e nas mais sérias, com profissionais qualificados e gestão profissional. Para refletir, pense nas respostas sem pensar muito. Isso, quando você responde sem pensar, a sua resposta será mais honesta e não manipulada.

1. Por qual motivo você continua atuando no segmento educacional?

2. O que o faria mudar de segmento?

3. O que o impede de aumentar os seus resultados?

4. Quais as duas últimas inovações em *marketing* e vendas você implantou nos últimos seis meses?

5. Qual foi o seu último investimento em qualificação, como gestor, empreendedor e líder?

6. Qual foi o último investimento em qualificação feito na sua equipe?

7. Qual o seu planejamento e meta para os próximos dois anos?

8. Qual foi a última vez que contratou um consultor ou mentor para ajudá-lo a potencializar os seus resultados?

9. Você quer aumentar os resultados? Diga: quero resultados!!

Sobre objetivos e metas, quero contar uma breve história...

Muitos fazem promessas no dia 1º de janeiro, e não cumprem durante o ano. No ano seguinte, repetem as mesmas promessas. Vou contar um segredo, se não cumpriu no ano anterior, neste também não irá realizar o mesmo objetivo.

Tenho um grande amigo que todo dia 1º de janeiro faz promessas que são guardadas e não são realizadas durante o ano. No ano seguinte, ele repete as mesmas promessas e nada acontece, o nome dele é Jean.

Conheci o Jean com 17 anos, viajamos muito, principalmente nas férias de final de ano. O litoral norte de São Paulo era o lugar preferido, mas, durante três anos seguidos, fomos para Florianópolis. O Jean é daqueles amigos companheiros, desencanados, e que curtem aproveitar as viagens. Ele topa tudo e nunca fica mal-humorado.

Mas, como ninguém é perfeito, o Jean, todos os anos, faz três promessas: começar uma academia, estudar para passar em um concurso público, e parar de fumar. Você deve estar lembrando de um conhecido parecido com o Jean, existem muitos.

No caso do Jean, até hoje ele continua acreditando que irá parar de fumar, ser funcionário público, e ter um corpo igual o do Caio Castro – como ele mesmo diz. Eu até acredito, mas se ele mudar.

Atenção! Para mudar, é preciso mudanças, e o momento certo para mudar é antes que seja preciso. Entendeu? Então irei explicar de novo: para mudar, é preciso fazer mudanças, e o momento certo para mudar é antes que seja preciso mudar. Ainda não entendeu? Irei explicar de uma forma diferente e bem direta: se você quer mudar, faça algo diferente, sempre!

Uma boa dica é escrever os seus objetivos e metas. Coloque em local visível, por exemplo, no espelho do banheiro, porta da geladeira, mesa do trabalho ou no painel do carro. Leia, todos os dias, os seus objetivos e metas, e quando conquistar um deles, risque, mas deixe legível para ver que é capaz, que já conquistou alguns. Outra dica é dar notas para os seus objetivos: zero, você está longe de conquistar; dez, muito próximo para alcançá-lo. Quanto maior a nota, mais próximo estará, e a sua motivação se torna cada vez maior. Sonhar sem colocar em prática é desmotivador.

O que você, e só você, pode fazer de diferente para aumentar os seus resultados?

Falar de objetivos e metas sem foco e sem planejamento é como ter uma Ferrari sem combustível, ou o melhor *smartphone* do mercado sem bateria. Vendas para as empresas é um setor estratégico, uma empresa sem vendas não sobrevive. Uma escola sem vendedor não cresce – sim, escolas precisam e devem ter vendedores trabalhando 44 horas por semana, apenas vendendo.

Os vendedores, na sua maioria, ganham comissões e/ou bônus por resultados. Infelizmente os resultados estão abaixo da capacidade e do potencial dos vendedores, e um dos vilões dos resultados é a falta de gestão do tempo. A tecnologia veio para ajudar, mas também pode tornar-se um ladrão do tempo e da produtividade, como, por exemplo, as redes sociais, *e-mail*, aplicativos de mensagens instantâneas, jogos no celular etc.

Intervalos durante o horário de trabalho são importantes, mas se o resultado financeiro do mês depende do trabalho e foco, perder 20 minutos por dia é muito. Matemática simples: 20 minutos por dia X 22 dias trabalhados no mês = 440 minutos por mês (7h30). Assustado? Os 20 minutos por dia representam quase um dia por mês sem trabalhar. Em dez anos, são 110 dias de trabalho não trabalhados.

Para aumentar os resultados, siga estas sete dicas:

1º ao chegar na empresa, invista 15 minutos antes de começar as tarefas para planejar o seu dia;

2º Deixe o celular pessoal no silencioso, avisos de mensagens e outros não serão vilões do seu tempo. No momento de descanso, você pode verificar as mensagens e ligações;

3º O que acontece nas redes sociais durante o seu horário de trabalho pode esperar. Nada irá acontecer ou mudar até o horário do almoço ou de saída.

4º Tenha um planejamento anual e estratégico de *marketing* e vendas. Com o planejamento, você saberá o que deve ser executado, economizando tempo;

5º Na maioria dos casos, os *e-mails* não são urgentes. Planejar horários para ler novos *e-mails* e respondê-los é importante para gerenciar o seu tempo. Por exemplo, três vezes ao dia, logo após o planejamento no início do dia, na volta do almoço e antes de ir embora, dê prioridade aos *e-mails* importantes, com prazos, e os de assuntos urgentes.

6º Assuntos pessoais devem ser resolvidos fora do horário de trabalho. Pensar em compromissos ou eventos externos pode prejudicar o seu rendimento, afetando os seus resultados;

7º Tenha um mentor para acompanhá-lo e ajudá-lo nas decisões certas, com foco em resultados, e evite prejuízos com atitudes precipitadas e implantadas por emoção.

Quando falamos de tempo, muitas vezes, perdemos oportunidades para captar novos alunos. Datas comemorativas, por exemplo. Sem planejamento, as escolas não conseguem transformar esses eventos em novos alunos. Algumas datas importantes:

24 de janeiro = Dia Nacional dos Aposentados;
8 de março = Dia Internacional da Mulher;
15 de março = Dia Mundial do Consumidor;
15 de março = Dia da Escola;
7 de abril = Dia do Corretor;
28 de abril = Dia da Sogra;
12 de maio = Dia do Enfermeiro;
12 de junho = Dia dos Namorados;
13 de julho = Dia do Cantor;
26 de julho = Dia dos Avós;
11 de agosto = Dia do Estudante;
27 de agosto = Dia do Corretor de Imóveis;
27 de agosto = Dia do Psicólogo;
28 de agosto = Dia dos Bancários;
9 de setembro = Dia do Administrador;
15 de setembro = Dia do Cliente;
30 de setembro = Dia da Secretária;
3 de outubro = Dia Mundial do Dentista;

12 de outubro = Dia da Criança;
15 de outubro = Dia do Professor;
12 de novembro = Dia do Diretor de Escola;
25 de dezembro = Natal.

Inclua no seu planejamento o dia das mães, dia dos pais, volta às aulas em janeiro e agosto, período de férias em julho, dezembro e também em janeiro.

Fico imaginando quantas ideias e campanhas legais você consegue criar com as datas acima. Quantas novas matrículas você fará se planejar com antecedência e manter foco em vendas. Pense nisso!

Por exemplo, no dia da sogra, quem trouxer a sogra para uma aula demonstrativa (gratuita) tem benefícios e ganha um brinde. Parece simples, mas o resultado quando a campanha é feita com planejamento surpreende os empresários do segmento.

Sobre gestão e estratégias para aumentar os resultados, é fundamental conhecer os nossos pontos fortes e fracos, ameaças e oportunidades. Sim, é a análise SWOT ou FOFA.

Pontos fortes (forças): estão ligados às vantagens que a sua empresa possui em relação aos concorrentes. Quais as suas melhores atividades? Quais os seus melhores recursos? Qual a sua maior vantagem competitiva? Qual o nível de engajamento dos clientes?

Pontos fracos (fraquezas): as fraquezas são as aptidões que interferem ou prejudicam, de algum modo, o andamento do negócio. A mão de obra é qualificada? Falta motivação? Por que clientes escolhem a concorrência? Por que é difícil fidelizar clientes?

Oportunidades: são forças externas que influenciam positivamente a empresa. Não existe controle sobre essas forças, pois elas podem ocorrer de diversas formas. Alguns exemplos são: mudanças na política, crise econômica, clima etc.

Ameaças: ao contrário das oportunidades, são forças externas que influenciam negativamente a empresa. Devem ser tratadas com muita cautela, pois podem prejudicar não somente o planejamento, mas também os seus resultados.

Já descobriu qual é o grande erro dos empresários do segmento da educação?

Sim, você acertou. É a falta de foco no estratégico, no planejamento e nas metas com inovação e seguindo as tendências do mercado. Investir em qualificação, na contratação de um consultor ou mentor, para trazer uma visão externa para a sua empresa e acreditar que é possível mudar para crescer. Entender da importância de ter uma equipe de vendas estruturada trabalhando 44 horas por semana, ter um planejamento, *marketing* e uma verba destinada para investir em divulgação.

Como *coach*, preparei algumas perguntas para você responder e refletir:

Você realmente deseja investir energia e tempo para maximizar os resultados da sua empresa?

_____
_____

O que você, e só você, pode fazer de diferente para aumentar os seus resultados?

_____
_____

Quais são as suas metas para os próximos 12 meses?

_____

_____

Para atingir as metas acima, qual a principal atitude ou ação que você precisa tomar?

_____

_____

De todos os seus funcionários, quais são os dois considerados "chaves" que você deve valorizar e não pode perdê-los?

_____

_____

O que fazer para investir e mantê-los na sua equipe?

_____

_____

Quem são os dois funcionários que você mandaria embora hoje?

_____

_____

O que você pode fazer de diferente para potencializar os resultados desses dois funcionários, alinhá-los com a política da empresa e mantê-los trabalhando com você?

_____

_____

Pensando em vendas, o que você pode fazer de diferente para lucrar mais?

_____

_____

Pensando em fidelização de alunos, o que pode fazer de diferente?

_____

_____

7

Tudo começou quando eu tinha apenas 15 anos...

Muitos reclamam de empreender no Brasil, muitos reclamam e só reclamam. Não é fácil, mas acreditar é o primeiro passo. Para alguns o sucesso é sorte, mas quem conhece sabe que é muito trabalho, dedicação e foco. Neste capítulo, irei contar um pouco da minha experiência, não pelo fato de ter alcançado o sucesso, mas para você acreditar que também pode. Reclamar é o primeiro passo para o fracasso e se eu consegui, você também consegue.

Luciano Alf

Luciano Alf

Formado em harmonia, improvisação, percepção e arranjo pelo Centro Ian Guest de Aperfeiçoamento Musical (CIGAM); harmonia avançada (Musiarte). Curso de guitarra (Hotclass e Conservatório Brasileiro de Música). Professores particulares: Nelson Faria; Victor Biglione; Fernando Vidal; Fred Rios (Hotclass); Rômulo Thompson; Isidoro (Musiarte); Jeferson Moreira (CBM) e outros. Já tocou, gravou e produziu com os seguintes artistas: Wanderley Cardoso; Baby do Brasil; Chris Duran; Robson Nascimento; Davi Sincon; Rio Jazz Orquestra; Vida Abundante; Edu Porto; Coral Soul Adorador; Ministério Gerados Para Vencer; Raphael Aquino, e outros.

Contatos
www.escolademusicala.com.br
www.lamusickids.com.br
(21) 98127-8047

Tudo começou quando eu tinha apenas 15 anos...

Nada é fácil, mas tudo é possível se for feito com amor e com um propósito.

Comecei minha carreira profissional como professor de música, impulsionado pelo desejo de estudar em grandes e renomadas escola de música do Rio de Janeiro, tais como CIGAM e Conservatório Brasileiro de Música. Eu precisaria ganhar meus próprios recursos financeiros para bancar meus estudos, já que minha família não tinha condições de financiá-los.

Ao longo de quase 20 anos, toquei, gravei, produzi, dei muitas e muitas aulas, fiz muitos amigos, até que, por um acaso do destino, eu prefiro pensar, planos de Deus para mim, sofri um grave acidente de carro, após quatro dias de *shows* intensos no Carnaval de 2012. Pensei que, ali, minha vida e minha carreira na música tinham chegando ao fim. Sofri fratura exposta no braço esquerdo, também fraturei a bacia, o joelho e, como se já não bastasse, mais sete costelas.

Os médicos queriam amputar meu braço, pois a fratura exposta corria um grande risco de infecção, e me disseram que eu nunca mais tocaria meu instrumento novamente. Foram dois meses internado no hospital, foram feitas tantas cirurgias que perdi as contas. Fiquei mais um mês sem poder me levantar da cama, em casa, aos cuidados de minha companheira e parceira, Anne Susan.

No segundo mês, já em casa e passando por muitas dificuldades financeiras, pois Anne não podia trabalhar porque estava cuidando de mim, resolvi começar a dar aulas de música novamente, mesmo ainda estando naquele estado, na cadeira de rodas e sem poder movimentar o braço esquerdo, que estava preso aos ferros estabilizadores.

Lembre-se, o acidente foi em fevereiro, e já estávamos em maio de 2012, quando voltei a dar aulas. Lembro-me de que fiz uma divulgação no Facebook – estude com o Alf e aprenda técnicas de outro planeta – acompanhada de uma foto do Alf, O ETeimoso.

Luciano Alf

Aquele *post* bombou, e logo já estava com mais de 40 alunos. Três meses depois de ter iniciado as aulas, já com uma quantidade bem interessante de alunos, eu e Anne decidimos abrir uma escola de música que, mais tarde, chamaria Escola de Guitarra Luciano Alf.

Em 23 de Julho de 2012, inauguramos, eu e minha esposa e sócia, Anne Susan, a Escola de Guitarra Luciano Alf, com um *workshop* do guitarrista Cacau Santos. O evento foi um grande sucesso, 200 pessoas em um espaço apertado, cobramos ingressos para o *workshop* que nos deu mais algum dinheiro para ajudar iniciar o empreendimento, já que tínhamos pouquíssimos recursos, pois eu ainda estava me recuperando do acidente de carro.

Lembro-me de que, à época, o único recurso que tinha de fato era R$ 4.500,00 que foi o valor do seguro DPVAT que tinha recebido pelo acidente. Com aquele dinheiro, fizemos três salas de 6 m², onde começaram as aulas. Os professores eram eu, meu aluno Philipe Reis (ps: professor está comigo até hoje), Renan Penedo, e Fabiano Antunes. Todos professores de violão e guitarra, que foram os cursos que iniciamos a escola.

Motivados pelo grande sucesso do evento de inauguração, decidimos fazer um *workshop* a cada mês e, então, não paramos mais. Arthur Maia, Paulo Calazans, João Castilho, Téo Dornelas, Nei Conceição, e muitos outros puderam sentir a energia daquela escola feita por pessoas apaixonadas pela música.

Em abril de 2013, fizemos a nossa primeira turnê de *workshop* com um músico artista internacional, o Inglês Guthrie Govan; foram 16 *workshops* espalhados por todo Brasil, de norte a sul do nosso país (ps: eu não sabia falar uma palavra em inglês, não sabia nada sobre produção de turnês, viagens, hotéis, logística de voos etc.), aprendi na marra, como a maioria dos empreendedores de nosso país.

Nessa primeira *tour*, pude conhecer muitas pessoas, dentre as quais posso destacar o Northon Vanalli, diretor de *marketing* da Sonotec. Naquele momento, a Sonotec tinha adquirido o direito de importar as guitarras da marca Charvel, e o Guthrie Govan, para minha sorte, era o "Garoto propaganda" delas. Isso fez com que o Northon me procurasse para fazer uma parceria na turnê do Guthrie. Nós viajamos juntos, ele me ajudou com o inglês, e nos tornamos amigos e parceiros. Até hoje a empresa Sonotec é a principal parceira e patrocinadora da Escola de Música L.A.

Três meses depois, trouxe o músico que foi minha maior influência no meu instrumento, o Guitarrista Frank Gambale. Eu sabia tocar a maioria de suas músicas, e nunca poderia imaginar vê-lo de perto, quem dirá ser o produtor da maior turnê de *workshops* de sua vida. Com ele, foram 23 eventos em todo Brasil, contemplando 20 *workshops* e três *shows* produzidos. Era muito engraçado, pois eu me comunicava com Frank com um português meio embolando com italiano (ps: não sei falar italiano), mas nos entendíamos.

Com essas duas primeiras turnês, acabei pegando gosto pela coisa e, de 2013 a 2015, fiz muitas turnês de *workshops* com artistas internacionais; os bateristas Dave Weckel, Dennis Chambers; os guitarristas Guthrie Govan; Frank Gambale; Paul Gilbert; os baixistas Victor Wooten, Richard Bonna. Em 2015, fechamos aquele ciclo das turnês com chave de ouro, fazendo a mais importante de todas, com o renomado Guitarrista Steve Vai.

Eu não tinha noção do tamanho que aquela turnê tomaria. Foram recordes de público sendo quebrados em cada cidade que Steve Vai passava. O maior público dessa turnê foi em Florianópolis, com a produção do amigo empresário Rafael Bastos, no teatro CIC, com lotação máxima de 906 pessoas sentadas, fora a equipe de produção. Segundo relatos de Steve Vai, aquele foi o maior público de *workshop* de toda sua carreira.

As turnês com esses artistas nos deram uma grande visibilidade e notoriedade no mercado da música no Brasil. Tivemos reportagens em jornais, revistas, programas de televisão, *blogs*, fechamos muitas parcerias e patrocínios importantes para Escola de Música L.A. Algumas empresas acreditaram e associaram suas marcas à L.A, temos a Roland, Casio, Strimberg, Gretch, Takamine, Daddario, Nig, entre outras.

Todos os eventos e movimentos que nossa empresa colaborou no mercado da música fizeram com que a Escola de Música L.A crescesse na mesma proporção. Todos os anos, dobrávamos o número de alunos. Até que, em 2015, veio a crise financeira em nosso país.

No CAEM de Julho de 2015, conheci o palestrante e *coach* Jaques Grinberg, que falou no congresso daquele ano sobre o setor de vendas nas escolas de música. Nós, até então, não conhecíamos nada sobre o assunto.

Aquela palestra ficou martelando dentro de mim que eu precisava abrir um setor comercial na minha escola. No mês seguinte ao CAEM daquele ano, percebi uma diminuição no número de matrículas da escola e um aumento considerável nas evasões, foi quando decidimos implantar o setor de vendas. Contratei um amigo músico bom de lábia e vendedor nato, e os resultados logo começaram a aparecer. Foram crescentes e exponenciais, fazendo não apenas com que passássemos pela crise, mas que crescêssemos nela.

Ao longo dos anos, nos musicais de final de ano, e gravações de DVDs, percebíamos que as crianças se repetiam, e que elas ficavam mais tempo estudando na escola. Fizemos um levantamento e chegamos ao resultado de que uma criança ficava em média três anos, enquanto um adulto se mantinha matriculado por um ano e dois meses.

Decidimos abrir uma unidade infantil. A L.A Music Kids foi inaugurada em 15 de outubro de 2016 (ps: tínhamos, à época, por volta de 50 crianças na Escola de música L.A). Fomos motivados a abrir a nossa unidade infantil, por uma grande escola de música de Joinville, a Arte Maior, do meu amigo Fábio Martins.

A L.A Music Kids foi algo inovador para o Rio de Janeiro, visto que até então não havia nenhuma escola de música para bebês e crianças. Uma escola com toda sua decoração e adaptações para o universo infantil chamou a atenção da sociedade local. A L.A Music Kids mais do que dobrou o seu número de alunos a cada ano, com crescimento na casa dos 200%.

Em 2018, gerou sua primeira filial no Recreio dos Bandeirantes, que também, por sua vez, tem tido um bom desempenho. As escolas do grupo L.A se destacam, principalmente pelos projetos de bandas e *shows* que são realizados, esses são, sem dúvida, as principais ferramentas de fidelização e retenção de alunos.

Colocar nossos alunos no palco faz com que eles superem seus limites, aprendam a lidar e se relacionem melhor com pessoas. Também é observado uma grande melhora da autoestima. Ver o filho de seis anos com sua própria banda e amigos, pequenos músicos, tocando em um palco e gravando DVD ao vivo faz com que a nossa credibilidade e respeito no aspecto pedagógico e educacional só cresça.

Hoje, as três unidades, Escola de Música L.A, L.A Music Kids Campo Grande, e L.A Music Kids Recreio possuem 750 alunos em média. A projeção é de abrirmos mais duas escolas, filiais da L.A Music Kids, a cada ano.

Aprendi, nessa caminhada de sete anos como empreendedor, que nada é fácil, mas que tudo é possível se for feito com amor e com um propósito. L.A pra quem sabe o que quer!

8

O ovo, a galinha, e a arte de "cair pra cima"

Saiba como transformei um dos maiores desafios de minha vida em uma grande oportunidade de crescimento.

Marcelo Barbosa

Marcelo Barbosa

Um dos guitarristas mais reconhecidos da atualidade. Ao longo dos anos, desenvolveu uma incrível trajetória musical e um trabalho didático e empresarial tão sólidos quanto a sua carreira artística. Desde 2015, integra como guitarrista a banda Angra, uma das principais bandas do mundo no segmento *heavy metal*, e está prestes a lançar o seu primeiro trabalho solo. É fundador e proprietário do GTR Instituto de Música, com duas unidades na capital federal e mais de 22 anos de tradição. Além disso, possui uma plataforma *online* de ensino de guitarra, o MB Guitar Academy, com mais de dois mil alunos de todo o mundo matriculados.

Contatos
marcelogtr@gmail.com
Instagram: marcelobarbosagtr
(61) 3245-7140

O que vem antes, o ovo ou a galinha? Bem, considerando que há fortes indícios de que muitos dos animais do período jurássico eram ovíparos e que a galinha só surgiu no nosso planeta milhares de anos depois, quando os dinossauros já estavam extintos, tendo a pensar que a resposta correta seria: o ovo.

Brincadeiras à parte, esse dito popular nos apresenta uma questão que sempre usamos como representação de situações corriqueiras nas quais nos encontramos em um dilema. Quem não se lembra da peça publicitária de anos atrás: "Tostines vende mais porque é fresquinho ou é fresquinho porque vende mais?".

A verdade é que, muitas vezes, nos vemos em uma situação que nos parece sem saída. Na vida profissional, poderia ser, por exemplo, a pessoa que acredita que, ao se especializar em sua área, terá um salário melhor, mas como o seu salário atual não é bom o suficiente, não consegue pagar por uma especialização e, por isso, continua recebendo a mesma quantia. Ou o dono de uma academia de musculação que sabe que se tivesse equipamentos mais modernos teria mais alunos, mas precisa de mais alunos para ter condições de fazer tal investimento.

Estive, por alguns anos, preso a um momento que me apresentava um dilema bastante parecido, e só saí dele porque fui, de certa forma, forçado a fazê-lo. É sobre justamente esse momento em que escrevo estas poucas linhas a fim de dividir o que aprendi durante esse processo com vocês.

Para melhor ilustrar a situação, permitam-me passar rapidamente pela história do GTR, a minha escola de música, sediada em Brasília. Abri o GTR Instituto de Música ainda muito novo, em 1996, quando não passava de um jovem de 21 anos que sonhava em viver de e para a música. O início, muito simples, foi em uma sala alugada do amigo Dino Verdade, no Bateras Beat. Comecei ali o que seria o embrião de um projeto que alcançaria resultados muito maiores do que eu sonhava na época.

Talvez pelo fato de ter começado muito pequeno e também pela minha dedicação e esforço, por muito tempo o GTR prosperou, ano a ano. Nessa primeira sala, eu ministrava sozinho aulas exclusivamente de guitarra.

Mesmo com a pouca idade, eu já era um professor conhecido e tinha uma boa procura por aulas. Rapidamente meus horários naquela sala se preencheram. Eu atendia uma média de 30 alunos, mas a sala ficava ociosa durante algum tempo, visto que eu precisava deixar tempo livre em minha agenda para estudar meu instrumento, ensaiar com minhas bandas etc. Foi aí que convidei dois alunos meus avançados, para dar aulas nos horários em que eu não usava a sala. Ficamos ali por pouco mais de dois anos e chegamos a atender mais de 50 alunos nessa única sala.

Em seguida, aluguei um imóvel maior em uma localidade próxima. Nele, tínhamos aproximados 30 metros quadrados, o que me possibilitou dividir o espaço em três salas de aulas individuais, além de uma recepção.

Foi nesse ambiente que, além das aulas de guitarra que já eram nossa marca registrada na cidade, começamos a oferecer também aulas de canto. Isso aconteceu única e exclusivamente porque o meu amigo, Alírio Netto, me convenceu a ceder alguns horários de uma das salas para ele dar aulas de canto. Fiquei relutante, porque até então eu acreditava que o GTR deveria ser uma escola com foco total em guitarra.

Porém, vi a necessidade que ele tinha de ter um lugar pra trabalhar, por isso concordei. Nesse novo local, em menos de dois anos, chegamos a ter quase cem alunos matriculados, e eu comecei a pensar na possibilidade de mudança para um espaço maior.

Não passou muito tempo até surgir uma oportunidade de ouro. Um amigo, dono de uma escola de música, queria se desfazer do negócio, e me propôs que eu assumisse o lugar com os poucos alunos que ali estavam matriculados (por volta de 50). O aluguel era muito acima do valor que eu pagava, mas a quantidade de alunos que iria permanecer na escola quase chegava a cobrir a diferença entre os preços.

Depois da mudança, além de vários ajustes administrativos, passamos a trabalhar também com os cursos de baixo e violão, além de guitarra e canto que já faziam parte de nossos serviços.

Apesar de todos os desafios e medos que, acreditem, não foram poucos, a escola ali prosperou ano a ano e atingiu a sua melhor fase até então, entre os anos de 2007 e 2011, quando mantivemos uma média acima de 400 alunos.

Devo o sucesso desse período à maturidade empresarial atingida com o tempo, e a dois outros fatores: a boa fase econômica dos governos Lula e, pasmem, a febre do jogo de *video game* Guitar Hero. Lembro-me da quantidade incrível de crianças que, durante aquele período, procuravam a escola a fim de aprender, quase que invariavelmente, as músicas disponíveis no jogo.

A partir do ano de 2011, experienciamos um leve decréscimo de alunos e, apesar de estarmos longe de trabalhar no vermelho, era estranho ver a escola, pela primeira vez, deixar de crescer. Entre 2011 e 2016, esse número sofreu uma pequena redução a cada ano, com alguns picos, mas sempre girando em torno de 300 alunos, o que ainda era um bom resultado.

Essa mudança de cenário, aos poucos, foi tirando o meu ânimo. Eu fazia de tudo, mas o quadro não se alterava substancialmente. Era como se eu estivesse perdendo os meus superpoderes. Mesmo sabendo que o país enfrentava uma crise econômica sem precedentes e que a maioria dos empresários estava passando por uma fase parecida ou pior, comecei a questionar o meu talento enquanto empreendedor.

Além disso, o mercado de cursos *online* havia explodido, e grande parte do meu público migrara para essa nova modalidade. Quem tem uma escola de música séria sabe que o que oferecemos é muito mais do que a informação disponível em uma videoaula, mas em um momento de crise econômica, o custo passa a ser um fator determinante no momento de optar por um curso.

No início de 2017, fui surpreendido por um *e-mail* bombástico. Os donos do imóvel onde o GTR estava instalado, muito direta e educadamente, me informavam que a família precisaria do imóvel e que, por esse motivo, não renovariam o contrato de locação. Eu deveria sair do imóvel até abril, pouco mais de dois meses após aquela data. Eu, prontamente, respondi perguntando se seria possível reverter a decisão.

Argumentei que estava ali há mais de 15 anos, que o ponto era importante para mim. Disse que pagaria mais e, se necessário, até cobriria o aluguel de outro lugar que escolhessem para o novo negócio da família. Eu sabia que perderia mais tendo que me mudar, pois abrir mão do ponto de tantos anos e arcar com uma reforma para a qual não estava preparado era a pior das opções naquele momento. Por fim, argumentei que tinha contratos de planos anuais já pagos com vários alunos, e que eu precisava do prazo de até o fim do ano para decidir o que faria e, até mesmo, se continuaria com o negócio.

Marcelo Barbosa 75

Eu tinha basicamente três opções: uma seria gastar minhas economias, mudar para um lugar do mesmo tamanho ou ainda maior, e trabalhar para que o quadro em que me encontrava há quase cinco anos fosse revertido e voltássemos a crescer. Essa opção, a princípio, não fazia muito sentido para mim, pois se há cinco anos a escola vinha apenas se mantendo, por que ir para um lugar maior ou do mesmo tamanho, pagar por uma reforma que me descapitalizaria, e correr o risco de não aumentar o faturamento?

Outra opção seria aproveitar o que estava acontecendo e enxugar a estrutura. Se eu conseguisse manter a mesma média de alunos em um lugar com o custo mais baixo, o meu lucro aumentaria. Essa era a minha opção favorita, pois, racionalmente, era a que mais fazia sentido. Tinha ainda a terceira, e mais radical de todas, fechar a sede do GTR, alugar uma boa sala para eu ministrar apenas as minhas aulas particulares e investir em um curso *online*.

Foi durante esse processo de tomada de decisão que encontramos uma loja incrível. Maior, mais nova, mais bonita e, o mais incrível de tudo, na mesma rua do GTR, a menos de cem metros de distância.

Nesse momento, pensei muito sobre a famosa frase de Einstein: "insanidade é fazer tudo do mesmo jeito e esperar resultados diferentes". Decidi que era um momento crucial para a mudança não só da estrutura física do GTR, mas também da filosofia e perfil da empresa.

Conversei com amigos que tinham escolas de música pelo Brasil e estavam tendo bons resultados mesmo durante a crise. Visitei pessoalmente para ver essas escolas, a estrutura, e conversar com os donos, queria entender o que eles estavam fazendo no campo didático e também em termos de *marketing*.

Após esse período de pesquisa, cheguei a algumas conclusões. Percebi a importância de ter um curso de musicalização infantil. Até então, eu tinha resistência quanto a isso, não por nenhuma espécie de preconceito, mas porque ele me parecia algo fora do perfil do GTR.

Além disso, decidi implementar os cursos de bateria e Ukulelê, que até então não oferecíamos. A mudança na grade de cursos foi muito importante, mas ainda assim uma pergunta não saía da minha cabeça: como concorrer com cursos *online* oferecendo algo que eles não podem oferecer? Apesar da resposta ser óbvia, levei um tempo para perceber.

Eu precisava focar na vivência musical, na experiência de tocar com outras pessoas, subir ao palco, ensaiar com uma banda. Contratei consultorias para implementar o curso de musicalização infantil e também de vendas, o que nos ajudou muito nesses quesitos.

Obviamente, eu ainda passava algumas noites em claro, com medo de tudo dar errado, mas sabia que o medo é uma reação química do cérebro diante do perigo que nos põe em estado de alerta para correr ou lutar. Eu já havia decidido lutar.

Nos três meses que sucederam a mudança até o fim de 2017, saímos de 290 alunos, na antiga unidade, para 350 na nova. E, em 2018, esse número subiu exponencialmente até batermos o recorde da história do GTR, fechando o ano com 520 matriculados apenas na unidade da Asa Sul.

É importante ressaltar que replicamos todas as estratégias da Asa Sul para a unidade Asa Norte, onde, atualmente, vivemos também o melhor momento de sua história. Hoje, somando o número de alunos de ambas unidades estamos totalizando quase mil alunos inscritos, um marco importantíssimo para a empresa e para nós, sócios.

É aqui onde entra o tal dilema da galinha e do ovo.

No final das contas, apesar do desconforto e desespero inicial, muito provavelmente eu não teria mudado nem o lugar e nem a filosofia do GTR naquele momento, se os proprietários do antigo imóvel não tivessem pedido as chaves. "Em time que está ganhando não se mexe", não é mesmo? Mesmo quando a vitória é de 1 x 0, tendemos a manter a mesma estratégia.

Eu pensava que, por causa do momento econômico do país e do mercado ter mudado, meus resultados haviam piorado, o que era verdade. Acreditava também que aquele não era o momento certo para um grande investimento na escola, visto que os meus resultados naquele momento não justificavam o investimento.

Resumidamente, não investia porque não tinha os resultados necessários para uma expansão/reforma e não tinha os resultados porque não investia. Foi justamente no momento em que me vi obrigado a mudar a empresa de lugar e investir, que o resultado melhorou exponencialmente e voltamos a crescer, mesmo com a economia do país ainda em crise.

Mais do que as melhorias consequentes desse momento difícil, ficou o aprendizado. Aprendi que se mexe em time que está ganhando sim! Por que ganhar de 1 x 0 se podemos abrir uma vantagem maior no placar? Jogar com um placar muito apertado para um empreendedor é bastante arriscado, visto que não temos garantia nenhuma de que as ações que geram resultados positivos hoje funcionarão amanhã.

Apesar de não ser uma pessoa acomodada, estive, por algum tempo, preso a uma armadilha. A armadilha do, "mas pelo menos". Ela conduzia a minha linha de raciocínio de maneira a sempre pensar que os resultados não estavam como poderiam, mas pelo menos não estavam ruins. Como ouvi outro dia em uma conversa, o problema do, "mas pelo menos" é que ele nos fecha para tudo o que vem depois dele. Você estabelece que está tudo bem como está, por isso qualquer mudança ou esforço não são urgentes ou necessários.

Obviamente não estou falando aqui que devemos ver a metade do copo vazio. Sem dúvida, é necessário e saudável enxergarmos sempre a metade cheia do copo e a celebrarmos. Mas pensar que está tudo bem porque o copo pelo menos não está vazio é se contentar com a metade cheia em um jogo no qual não temos a certeza de que amanhã teremos sequer uma gota.

A única forma de nos manter vencendo esse jogo é lutar sempre para encher o copo, mesmo que isso nunca aconteça, seus resultados serão muito maiores do que seriam sem essa mentalidade.

Hoje, sou muito grato aos proprietários do antigo imóvel, não só pelo início, quando nem imaginava que um dia teria uma empresa em um imóvel tão bacana, grande e bem situada em minha cidade, mas também por terem me pedido o imóvel de volta exatamente nesse momento quando, em tese, era a pior hora do mundo para isso.

Esse episódio, sem dúvida alguma, capacitou-me mais como empreendedor, testou a minha força de vontade e elevou muito o nível do meu jogo. Por isso, sinto-me preparado para um novo momento e outras conquistas.

Sempre grato pelo que já construí, mas sedento por muito mais, pois meio copo d'água nunca foi o suficiente para matar a minha sede.

9

Viva cada fase, supere as crises e aprecie a jornada

A vida é uma jornada empolgante, cheia de surpresas, mistérios e desafios. Infelizmente, as dificuldades nos roubam o prazer de desfrutá-la como deveríamos. Mas, será que ela só se resume em resolver problemas? Acho que não. Nossa história é muito mais do que isso. Problemas virão, é claro, mas podemos aprender com eles e curtir um pouco mais das alegrias que nos cercam.

Noemi da Cruz

Noemi da Cruz

Formada em administração e gestão de negócios, atua como educadora e administradora, em parceria com seus mentores na Arte com Júbilo, Dennis e Bianca Amorim, aos quais agradece por acreditarem em seu potencial. Descobriu sua paixão pela arte desde cedo, e acredita que ela é uma ferramenta de transformação poderosa na educação, tanto na formação acadêmica como na formação individual.

Contato
noemidacruz.acj@gmail.com

Somos a geração que mais sofre com estresse emocional! Nunca vimos tantos casos de síndrome do pânico e depressão como nos últimos dias. Por que tudo isso? Possivelmente estamos nos tornando cada vez mais vítimas de intrigas, fraudes, traições, decepções. Parte disso é resultado da frieza que tem se instalado na sociedade atual. E, nesse cenário, a ansiedade e o medo têm nos tornado escravos das incertezas, das noites de insônia, e de uma péssima qualidade de vida.

Outro aspecto preocupante é o fato de que a cada momento de nossas vidas sofremos cobranças sociais e profissionais. Nós nascemos e, conforme vamos crescendo, as pessoas começam a nos bombardear com perguntas:

- O que você vai ser quando crescer?
- Vai fazer faculdade?
- Quando vai arrumar emprego?
- Quando vai namorar? Você tá ficando velho(a) ...

Vivemos essas situações o tempo todo, seja no trabalho, ou em casa. Some a isso o medo de assalto, da enfermidade, do desemprego, da rejeição social. Diga-se de passagem, muitos hoje em dia são ansiosos, melancólicos ou irritadiços por conta das experiências negativas vivenciadas na infância ou adolescência, resultado das provocações e palavras negativas de colegas, ou até mesmo da família.

Mas, será que sempre foi assim? Esse deveria ser nosso padrão de vida? A resposta é não. Precisamos aceitar que vivemos num mundo de dualidades: temos momentos de alegrias e tristezas, calmaria e tormenta, conquistas e perdas.

É aí que reside parte dos problemas: as perdas. Não existe manual que nos ensine a lidar com isso, mas elas são necessárias para nosso amadurecimento. Não devemos nos prender aos sentimentos de tristeza, culpa ou raiva que são gerados no processo. Tudo depende do seu olhar!

Se você observar a vida, verá que ela é feita de fases, assim como o ano é composto de estações.

E cada estação deve ser apreciada como tal. Não podemos nos ater apenas a uma estação na vida. Já pensou se o ano fosse feito só de verão? Como seria terrível não ter o outono para nos refrescar. E se só existisse inverno? Seria insuportável viver sentindo frio o tempo todo. É exatamente assim que Helena vive, uma personagem fictícia que criei para que possamos discorrer sobre muitos desses sentimentos.

Helena é uma personagem cercada por uma família maravilhosa, possui posição social invejável e uma inteligência extraordinária para uma jovem princesa de 20 anos. Ela tinha tudo para viver uma vida despreocupada, mas essa não é a sua realidade.

Após sofrer uma perda devastadora que atingiu todo o reino, Helena entrou em estado de inércia. Sentindo-se impotente diante do problema, acabou acamada por dias, sem apetite ou disposição. Seus pais a observavam preocupados, tentando confortá-la. Por fim, sua amiga de infância e escudeira conseguiu convencê-la a sair do castelo e voltar à vida cotidiana. Helena tomou a decisão de nunca mais ser pega desprevenida.

Passados alguns anos, nossa jovem princesa adquiriu um gosto pela vida militar. Nada de salões de dança e vestidos: para ela, o importante eram as espadas. Helena passava seus dias ocupada com planos para não ser atingida por uma nova perda. Isso fez com que ela estivesse em conflito, lutando contra um inimigo hipotético, em vez de apreciar as alegrias rotineiras. Seu medo do desconhecido fez com que ela perdesse o que realmente importava: o seu tempo precioso com sua família.

Infelizmente Helena ficou presa emocionalmente em uma fase de sua vida: a da perda. Para ela, só existia o inverno frio e devastador. Primaveras de flores e cores? Verão de calor acolhedor? Outono de colheitas? Isso não existia para ela! Apenas o inverno era a verdadeira estação, a fase de dor que gerava ansiedade e desconfiança. Por isso Helena estava sempre se preparando para o pior.

Podemos considerar que essa atitude de prevenção seja compreensível, pois ter um bom planejamento nos momentos de crise é fundamental para gerar superação. Mas, esse não é caso de nossa personagem, que acabou atingindo um nível de ansiedade que a deixou incapaz de apreciar a beleza da jornada.

Quando, por fim, percebeu que poderia viver sem tantas preocupações, já era tarde demais. Num golpe inesperado, suas irmãs foram sequestradas pelo exército inimigo, enquanto ela foi deixada para trás, lamentando pelo tempo perdido. Nada adiantou tanto preparo, pois o inevitável bateu novamente em sua porta.

O verdadeiro inimigo reside dentro da mente, não do lado de fora. Essa história não parece familiar? Sim, nós estamos como Helena, tentando evitar que o inevitável nos surpreenda e roube o chão debaixo de nossos pés. É como tentar adivinhar quando e onde os bandidos vão aparecer e sair da rota deles. Bem, isso é algo impossível. Então, o que devemos fazer? Não seria maravilhoso achar uma solução prática?

Todos nós podemos viver em paz, sem precisar pensar 24 horas nas possíveis soluções para cada problema que acontece. Nós não somos perfeitos, ninguém é. E, por isso mesmo, não devemos nos obrigar a ter resposta para tudo, muito menos nos culpar ou cobrar pelas adversidades que acontecem.

Gostaria de compartilhar algumas lições práticas que eu aprendi ao longo da caminhada, pequenos passos que, se colocados em prática, podem gerar resultados positivos e transformadores.

1. A hora de dormir é sagrada

Uma boa parte da nossa sociedade vive cansada e esgotada, pois, em vez de dormir fica pensando no dia de amanhã, antes mesmo de ele chegar. Essa antecipação nada saudável consome nossas energias. É aí que surgem os questionamentos que nos levam ao estado de inquietude, no qual só podemos ouvir a seguinte pergunta: o que fazer?

A primeira coisa a se fazer é silenciar as vozes de cobranças dentro de si. Não permita que elas dominem você, ou perderá seu sono, sua alegria e sua energia. E, vamos combinar, sem descanso, como poderá assimilar as informações necessárias para tomada de decisões no dia seguinte? Pare esse ciclo vicioso: reclamar sobre o ocorrido na hora de dormir não vai resolver nada, só vai trazer insônia.

2. Esqueça o passado e evite o remorso

Outra ferramenta poderosa é deixar o passado no passado. Digo por experiência própria, o ato de remoer desgasta, enfraquece e, por fim, destrói. Isso é igual a gastrite: a pessoa toma um café e, depois de um tempo, sente aquela azia interminável, e começa a reclamar consigo: "se eu não tivesse tomado aquele cafezinho...". É exatamente isso que acontece quando remoemos o passado, surgem os famigerados 'e se', que sequestram sua paz.

Viva o hoje! Pensar como poderia fazer tudo diferente não vai mudar o passado, pois ele é um registro do que já se foi. O que nos resta são as lições que aprendemos com o que aconteceu. Então, da próxima vez que as coisas não saírem como você planejou, apenas pense: "ok, não deu certo por causa disso e daquilo. Na próxima vez vou fazer diferente".

3. Foque no que realmente importa

Podemos perceber que nossa tendência em meio às crises é focar mais no problema do que na solução. Em vez disso, precisamos focar em como resolvê-lo e nas lições aprendidas com o processo, sem nos preocupar com as circunstâncias ou com a opinião dos outros. Sim, nós perdemos o foco quando ouvimos as críticas e opiniões de quem nem sabe pelo que estamos passando. Então, vou dar um conselho importante: deixe os críticos de plantão falar o que quiserem! Acredite em você e no seu potencial. Afinal de contas, você é a pessoa mais importante da sua vida, que decide mudar sua história, pois cada um é responsável pela sua trajetória.

Não se trata de egocentrismo, mas, sim, de amor próprio. Estamos nos abandonando e deixando de sonhar por causa dos outros. Se você cuidar bem de si e se amar mais, será capaz de cuidar e amar as pessoas ao seu redor, pois só é possível compartilhar aquilo que já possui dentro de si.

4. Ande com quem quer o seu bem

A melhor coisa a se fazer depois de focar em si e esquecer os críticos é selecionar bem as pessoas que andarão com você. Ter um aliado que nos dá suporte nas horas difíceis faz toda diferença! Por isso, escolha com sabedoria. Não ande com alguém por conveniência ou por simpatia. Procure verdadeiros amigos, aquelas que falam a verdade sem rodeios, sem tapinha nas costas. Aqueles que vão estar sempre presentes, emprestar um ombro para chorar, ou estender a mão quando você se sentir perdido.

Esteja acompanhado por pessoas que o levam ao crescimento, do contrário estará frustrado, perguntando por que tudo parece dar errado, quando, na verdade, estará sendo impedido de avançar por conta de supostos amigos que, dizendo desejar o seu sucesso, andam com você com segundas intenções. Pare de andar com interesseiros, ande com gente do bem!

5. Mude a sua perspectiva, seja positivo!

A forma como pensamos determina aonde vamos chegar. Se você está sempre pensando no aspecto negativo da jornada, sentirá desânimo e frustração. Seus companheiros frequentes serão os porquês.

Seja positivo e pense: eu já vim de tão longe, não posso desistir agora. Já tenho tudo o que preciso para continuar em frente. E o que ainda não tenho, alcançarei no devido tempo. Se agir assim, vai se sentir mais motivado na sua caminhada.

Quando a negatividade bater na sua porta, lembre-se da clássica ilustração do copo com água:

• Se você vê o copo meio cheio, está feliz com que já tem.
• Se vê o copo meio vazio, está insatisfeito, não percebe a riqueza do que já possui.

Como você quer enxergar seu copo de agora em diante?

6. Fuja das comparações

Somos seres únicos, mas teimamos em nos comparar uns com os outros. Quem tem irmãos como eu sabe bem disso, pois vivemos ouvindo aquela frase clássica: "por que você não é igual ao seu irmão?". A verdade é que nem mesmo os gêmeos, que podem ser parecidos fisicamente, são iguais na personalidade. Então, por que temos que comparar a nossa vida com a do outro? Por conta disso, acreditamos nas frases comparativas:

- Meu amigo pode e eu não posso;
- Meu irmão é melhor do que eu;
- Meu vizinho conquistou, eu não.

Mas essa história da grama do vizinho ser mais verde do que a sua não é real, ela se torna verdadeira se você acreditar dessa forma. Cada um tem o seu caminho, precisa viver as suas próprias experiências, desfiar-se nas horas de adversidade e explorar o seu potencial, a fim de aproveitar as oportunidades que surgem na trajetória de vida.

Então, pare de comparar a sua vida com a do vizinho, seja feliz com a vida que você tem.

7. Aguente o calor do processo

Às vezes nos sentimos desmotivados por conta das demandas e pressões que sofremos no nosso dia a dia. Mas é necessário aprender a aguentar a pressão, ser persistente e superar os momentos de grande estresse, igual ao vaso de cerâmica. Ele passa por um intenso e fascinante processo de transformação. Vejamos o que acontece:

- Antes de ser um vaso, ele não passa de um punhado de argila;
- Nas mãos de um artesão, é amassado até ganhar forma;
- Depois, fica em repouso, secando para remover o excesso de umidade;
- Por fim, é colocado num forno em temperatura altíssima a fim de ser fortalecido e ganhar resistência.

Se um simples vaso passa por tudo isso, quem dirá nós! A nossa resistência é testada todos os dias e, por causa disso, nós somos fortalecidos. Então, se quiser atingir seus objetivos e sair vitorioso de suas batalhas, você precisa aguentar o calor das provações e resistir até o fim. Só assim poderá superar as perdas e crises que aparecem pelo caminho.

Conclusão

Vamos retomar a história de Helena. Ela foi novamente atingida por uma perda. Mas será que ela se manteve inerte como na primeira vez? Não, e vou dizer por que. Ela já estava preparada para isso.

As dores do passado a ensinaram o que ela precisava para enfrentar esse novo problema de frente e reconquistar aquilo que perdera. Vejamos o que Helena fez:

- Planejou um contra-ataque;
- Investiu em novos aliados;
- Analisou o campo de batalha;
- Invadiu o território inimigo e resgatou suas irmãs.

O inverno finalmente se foi e a primavera chegou cheia de cores e cantos de júbilo! O que podemos aprender com nossa jovem heroína? Que as lutas e adversidades não são maiores do que a sua vontade, basta acreditar que é uma fase ruim e que um dia vai passar. Você precisa estar determinado a não se deixar abater pelas perdas, e não viver preso a elas.

O mais importante de tudo é que nós precisamos compreender que o caminho natural para alcançar uma vida mais saudável e feliz é: aceitar as perdas e aprender com elas. Afinal de contas, a forma como decidimos lidar com elas é que nos torna mais fortes ou mais fracos na jornada da vida. Não é um processo fácil ou indolor, mas, vale a pena, nos faz amadurecer, progredir, e ainda podemos ajudar outros em situação semelhante. Sim, haverá momentos de estresse, falhas, incertezas, mas é melhor tentar caminhar nessa estrada com atitude, do que entrar na toca e deixar de apreciar a mais maravilhosa das dádivas de Deus: a vida.

10

Música, empreendedorismo, ciência e rock 'n' roll

Sempre preparada para o possível e para o impossível, costumo pensar grande! Quando os outros começam a se preparar, eu já fui lá e fiz. Imediatista e sistemática. Apresentarei a seguir um breve relato da minha trajetória em um mundo masculino, como violoncelista, estudante e empresária, e de empresária à empreendedora.

Paula Martins

Paula Martins

Proprietária da Bravo Academia de Música, desde 2016. Desenvolve intensa pesquisa em música aplicada às áreas da neurociência, neuropsicologia e neuroeducação. Produtora musical desde 2013, atua ativamente na organização de eventos culturais. Violoncelista da Cia. Sinfônica de Bolso, desde 2010 e também camerista e solista em outros projetos. Foi agente cultural e professora de Ensino Coletivo de Cordas, no SESI-SP e professora de Cordas no Projeto Guri – SP. É bacharel em Violoncelo pela Universidade do Sagrado Coração (USC), mestre em Ciências com Ênfase em Aprendizado Musical, Cognição e Comportamento pela Universidade de São Paulo (USP) e doutoranda em Ciências com Ênfase em Aprendizado Musical, Cognição e Perda Auditiva pela Universidade de São Paulo (USP). Tem experiência na área musical, atuando como concertista, palestrante, professora, produtora e empresária.

Contatos
www.bravoacademiademusica.com.br
paula@bravoacademiademusica.com.br
Facebook: Paula Martins
Instagram: paula.cello

Prelúdio

Nasci em uma família muito musical. Meus pais sempre foram envolvidos com música, mas não são músicos de formação e profissão. Minha mãe, Pérsida, é uma cantora nata, mas sua humildade não permite enxergar isso. Meu pai, Alcides, queria ser violonista, mas nunca teve apoio da família. Ainda assim, o violão o acompanha desde sempre e para sempre.

Iniciei meus estudos musicais aos 11 anos de idade. Escolhi o violoncelo. Por que o violoncelo? Porque minha irmã Perla, mais velha do que eu, começou a fazer aulas e eu achei o som do instrumento lindo. E também porque por ela ser mais velha, sempre foi um espelho para mim. Em resumo, ela parou e eu continuei.

Prazer, sou violoncelista de formação. Escolhi isso para a minha vida. No colegial, quando todos decidiam que seriam advogados, médicos, engenheiros e psicólogos, eu decidi que seria musicista. Sou bacharel em Violoncelo, instrumento que me acompanha há exatos 20 anos.

Iniciei meus estudos com aulas particulares em Bauru, interior de São Paulo, e logo após fui aceita no Conservatório Dramático e Musical em Tatuí – SP. Passei quatro anos viajando todas as sextas-feiras para Tatuí, para ter minhas aulas de violoncelo.

Sexta-feira era o dia que o pessoal da escola almoçava e ficava junto. Eu nunca ia. Isso me frustrava. Mas dentre outras coisas, algo que me animava a viajar: toda semana, quem cuidava da *playlist* era eu. Tinha 12 anos, e o que já gostava de ouvir? *Rock 'n' roll*!

Com 15 anos passei no concurso da Prefeitura Municipal de Bauru, como líder de naipe e professora dos violoncelos da Orquestra Sinfônica Municipal de Bauru. Eu tinha 15 anos e uma vontade muito grande de ser independente. Como disse, tinha uma vontade, não uma necessidade. Sempre tive apoio financeiro dos meus pais e um pai que me levava para cima e para baixo, sempre me apoiando em meus estudos. Mas, ainda assim, eu queria ter o meu próprio dinheiro. Na época não era muito, mas o suficiente para começar a "sonhar".

Após esses quatro anos, minha professora foi estudar fora do país e acabei sendo recomendada para estudar com o professor dela em São Paulo. Zygmunt Kubala, um Polonês maluco que mudou a minha vida. Infelizmente ele não está mais entre nós. Zyg, como costumava chamá-lo, moldou-me como violoncelista e como ser humano, um ser humano de 16 anos com um gigante da música, de 64 anos, que brigava em Polonês. Não, eu não falo polonês, mas a linguagem corporal é tudo, né?

Levantava questionamentos sobre o porquê, como, quando, onde e para que fazer música. Garanto a vocês que, na época, não entendia muito o que ele queria dizer. Queria eu ter a "maturidade" que tenho hoje para absorver seus preciosos ensinamentos.

Foram três intensos anos de muita música, muita cobrança e muitas viagens. Viajava para São Paulo todo final de semana. Minhas aulas eram aos sábados e domingos, duas horas cada dia, todas as semanas. Às vezes, eu não queria ir. Desejava ficar em casa ou sair com os amigos. Não queria estudar, afinal eu tinha 16 anos de idade.

Nesse meio tempo, iniciei meu bacharelado em Violoncelo, orientada pelo Zyg, assumi o cargo de professora de cordas friccionadas no Projeto Guri e comecei a participar dos grandes festivais de música do país. Fase muito boa e muito pesada na minha vida. Por ter "facilidade" com o violoncelo, sempre fui muito cobrada e acabava dando um passo maior que a perna.

Isso foi desgastante e bom, pois me trouxe até aqui, mas teria "sofrido" menos se tivesse sido um pouco mais consciente e bem orientada nessa época. Quando se é jovem e destemida, as pessoas se empolgam e perdem a noção com certas coisas, então não podemos culpá-las, e sim aprender com isso. E gente, que aprendizado!

Aos 19 anos de idade, Zyg me deu uma última aula sem tocarmos sequer uma nota. Apenas falava sobre meus próximos passos e sobre a futura mulher que eu seria. Aquela foi a única vez que ele me elogiou como violoncelista.

No dia seguinte, recebi a notícia que ele acabara de falecer durante um concerto. O danado falava que ia morrer tocando e assim o fez.

Saí de um Polonês maluco para um grego, sim, um grego, mais maluco e virtuoso ainda. Dimos Goudaroulis foi meu professor pelos quatro anos seguintes. Quatro anos de muito malha dedo e desconstrução. Acredito que foi o período em que atingi meu domínio técnico instrumental e amadureci como musicista drasticamente.

Época de grandes conquistas, muito estudo e poucas horas de sono. Nesse período eu terminava meu bacharelado em Violoncelo orientada pelo Dimos, participava dos Festivais de Inverno de Campos do Jordão, maior festival da América Latina, assumia um cargo de liderança na área de cultura no SESI – FIESP, atuava ativamente como camerista no circuito SESC, com o grupo ao qual integro, chamado Cia. Sinfônica de Bolso, nas montagens dos espetáculos "Bravissississimo" e iniciava o meu mestrado em ciências com ênfase em música na Universidade de São Paulo (USP), em uma área que não era a minha.

Aos 25 anos de idade, finalizei o meu mestrado, troquei de emprego, fiquei noiva e mantive meus estudos musicais por conta. Mais uma fase de amadurecimento. É nessa hora que você aprende a se virar, trabalhar e a estudar. Condensa oito horas de estudo em uma hora. Aí você me pergunta: funciona? Sim, funciona! Se você tiver apenas uma hora para estudar e a fizer de forma consciente, será eficaz. Obviamente, se tiver mais horas, melhor ainda.

Os anos passaram e eu estava dentro do SESI – SP com um ótimo cargo, mais de 200 alunos, produzindo eventos culturais e tendo muito reconhecimento da parte da diretoria. O SESI foi a minha escola e a porta de entrada para eu ter vontades maiores. Aprendi muito ali dentro, mas também perdi minha saúde por conta de um CNPJ. Um CNPJ que não era meu.

Foi assim que resolvi me desligar do cargo, prestar doutorado e abrir uma "salinha" para atender meus alunos. Eu pensava: aqui já tenho mais de 200 alunos. Se eu tiver 100 alunos me pagando R$150,00 por mês, irei trabalhar menos e ganhar mais.

Na época, meu sócio Marcos Santos estava finalizando o seu doutorado em violino nos EUA e estava querendo voltar para cá. Marcos também é natural de Bauru e, assim como eu, passou boa parte da sua vida na estrada em busca de conhecimento musical.

Nossa ideia era encurtar a distância ao ensino musical de qualidade no interior paulista. Assim, estruturamos a parte pedagógica da nossa "salinha".

Paula Martins 93

Uma sala para atender alunos de cordas friccionadas. Quando percebemos, nossa sala tinha virado uma escola. Tínhamos todo o conteúdo programático, objetivos e, assim, nasceu a Bravo Academia de Música.

Por que Bravo? Porque o que nos uniu foram os Bravissississimos que fazíamos pelo SESC. Academia? Não é porque eu amo treinar, mas pela base pedagógica e ensino diferenciado que temos dentro da escola. Todos somos especialistas, mestres ou doutores.

Fomos atrás de um espaço sem fazer uma avaliação diagnóstica do local e perfil de público que queríamos atender, sem ter a menor noção de no que estávamos nos metendo. Ele, violinista, eu, violoncelista. Imagina quantas aulas de gestão empresarial nós tivemos? Aliás, você acha que pensávamos que estávamos abrindo uma empresa? A resposta é não! Só pensávamos musicalmente no negócio, mas para quem não tem a menor noção da parte administrativa da coisa, é um ponto positivo ter uma base pedagógica forte. Assim, logo percebemos que teríamos que estudar muito para mantermos o nosso filho, a Bravo.

Com três meses de escola, chegamos aos 70 alunos. Eu fazia o papel de secretária da escola e também dava aulas de violoncelo. Com o passar do tempo, percebi que minha hora valia mais como proprietária do que professora, e aí entrei em uma "crise", pois achava que estava virando as costas para o meu companheiro de vida, o violoncelo.

O que ficava claro para mim é que como eu tinha propriedade e conhecimento para apresentar o produto, isso fazia o cliente querer comprá-lo. Em seguida, contratei uma secretária e não voltei para a sala de aula, pois minhas funções na escola eram inúmeras, óbvio.

E ninguém fala a você que, antes de dar certo, irá falhar inúmeras vezes. Que um dia vai ser mais difícil que o outro, que insônia e ansiedade viram parte da sua rotina. Que um dia está no céu, e no outro parece um balde, de tantas vezes que chega ao fundo do poço. Que ou você tem qualidade de vida ou é empresária. Que essa rotina louca, ser doce igual limão e projetos sem fim são incompreendidos por quase todos ao seu redor. Que nesse seu corpinho você precisa condensar 70 profissionais em uma. Que o empreendedorismo capa de revista não pertence ao seu mundo. A vida real é pagar boletos, fazer dieta e lembrar de beber água. É suor e lágrimas. Que você vai querer desistir e vai querer fazer tudo de novo. Que no meio disso tudo você ainda teria que ter uma vida equilibrada. Precisa ser profissional, esposa, mulher, feminina, dedicada e delicada e que se a vida não fosse assim você se cobraria feito uma louca. Que a palavra resiliência será a sua melhor amiga. Que o peso da palavra sucesso só depende de si e você não faz a menor ideia do que fazer com isso. Mas também é muita satisfação e gratidão. Coisas que fazem a gente esquecer o cansaço.

Crescemos e, dentro da Bravo Academia de Música, surgiu a Bravo Baby e Kids, escola com ensino de música a partir dos oito meses de idade e instrumentos musicais a partir dos três anos de idade. Também temos a Bravo e Co., empresa de produção, cursos, treinamentos e palestras focados em cultura e comunicação.

Em seguida, veio a notícia que eu não esperava. Fui aceita no doutorado. Eu não sabia se ria ou se chorava. Fui aceita em um doutorado em ciências em uma das melhores universidades do mundo, para estudar sobre os benefícios da música na área da saúde. Sabe por que me aceitaram? Porque hoje música é um dos grandes interesses da neurociência.

Definir música não é algo simples. Música é arte, é ciência, é comunicação verbal e não-verbal. É uma manifestação social de grande influência política e também é uma grande área. O grande interesse da ciência está no aprendizado musical e é nossa função como músicos mostrar a eles que o processo é mais importante, musicalmente e cognitivamente falando, do que o resultado. Como dizia Edwin Gordon, não devemos nos questionar em como ensinar música, mas antes em como ela é aprendida.

Hoje, exatamente três anos depois, estou com 31 anos, casada, na reta final do meu doutorado, tocando e também produzindo eventos culturais, como *shows*, concertos e festivais.

Acabamos de mudar a escola para um novo prédio, com o triplo de tamanho. Temos mais de 20 cursos, secretária, vendedor, faxineira, segurança, estagiários, professores motivados e alunos dedicados. Também temos problemas e, vá por mim, não são poucos. Mas focar neles sem resolvê-los não leva ninguém para a frente. Então, nessa hora, o lado imediatista da Paula serve para alguma coisa.

Outra coisa que acontece comigo hoje é que eu toco com uma banda de *Heavy Metal* de renome internacional. Já fiz 24 shows em três meses com esses caras. São 15 homens e uma mulher. 15 homens! Se você é mulher e está lendo isso, consegue imaginar o tamanho da encrenca. Se você é homem, não faz a menor ideia do que é isso.

Ressignificar

No início e, para falar a verdade, durante um bom tempo, o fator "ser mulher" era um dos maiores agravantes da minha carreira em todos os sentidos. Recordo-me de uma prova com banca que fiz aos 14 anos, onde boa parte dela era composta por homens. Quando entrei na sala fizeram perguntas básicas e, ao final, uma piadinha sobre a minha aparência. Aquilo destruiu o meu teste, destruiu horas e mais horas de estudo e começou a fazer um mal muito grande para mim durante muitos anos, pois se tornou uma constante.

Em testes, no trabalho, na universidade e no meio musical. Por quê? Porque não escolhi um ambiente, mas vários que são dominados por homens. Quantas piadinhas e comentários sobre a minha aparência em reuniões, bancas e palcos. No meio disso tudo tenho um marido amigo, parceiro e cúmplice. Esse cara que é um "mantegão" é o cara mais forte que eu conheço e sempre me apoiou muito.

Ainda hoje, infelizmente, uma das situações mais comuns na minha vida é ouvir que estou em algum cargo ou posição porque sou mulher. A frase "ah, mas você nem precisa ser boa no que faz" me irrita tanto, que foi ela quem me fez ressignificar as situações e chegar até aqui. Hoje, sinto um enorme prazer em ser uma contradição. Sou *workaholic* no último, amo estudar e amo me cuidar! O investimento que fazemos em nós derruba qualquer subestimação, afinal contra fatos não existem argumentos.

11

Ninguém acreditava, eu acreditei

Independentemente do momento que está vivendo, minha história de superação poderá ajudar na forma como você vê o mundo. Então, o convido para abrir seu coração e me acompanhar.

Ronaldo Barreto

Ronaldo Barreto

Empresário há mais de 12 anos, palestrante e investidor. Superou grandes desafios que o tiraram da zona de conforto e o ajudaram a construir uma escola de informática e um grande centro profissionalizante do norte do Brasil – a Conectinove Educação e Profissão. Apaixonado por pessoas, em especial a sua esposa e família, que trazem um equilíbrio e fazem parte do seu sucesso. Hoje, com a experiência adquirida, vem ajudando pessoas comuns, assim como ele, a transformar suas vidas por meio da educação empreendedora. Criou o programa Profissão na Real, que capacita e orienta estudantes e desempregados a vencerem as barreiras das crenças limitantes e conquistarem o protagonismo em suas vidas.

Contatos
profissaonareal.cep1.com.br
ronaldo@cep1.com.br
Facebook: Profissão na Real
Instagram: @profissaonareal
WhatsApp: (69) 98412-9320

Independentemente do momento que você está vivendo, a minha história de superação poderá ajudá-lo na sua forma de ver o mundo. Então, o convido a abrir o seu coração e me acompanhar.

Antes de falar como eu comecei com a Conectinove, minha empresa de cursos profissionalizantes, preciso confidenciar o que vejo em muitas pessoas – a maioria fica reclamando de algo que não tem controle (passado), em vez de focar no presente e no futuro.

Agir é a palavra. Gosto muito da frase do Chico Xavier: "você não pode voltar atrás e fazer um novo começo, mas pode começar agora e fazer um novo fim".

A reflexão é, independentemente de em qual berço nasceu, você poderá ser e conquistar o que quiser. Lógico, tudo na vida tem um preço.

Para chegar aonde deseja, precisará renunciar a muitas coisas e colocar energia e foco em seus objetivos, para conquistá-los e expandi-los. A minha pergunta é: você acredita em sorte? Eu acredito que ela é a soma de algumas atitudes. A minha fórmula é trabalho + estudos = sorte.

Às vezes, falamos de grandes empreendedores – "como aquele cara teve sorte"– porém, esquecemos de todo o esforço realizado para que ele conseguisse realizar seus objetivos. Eu já pensei assim também.

Continuando com a minha história... Meu pai morreu quando eu tinha apenas três meses de vida. Minha mãe, então com 16 anos, não quis cuidar de mim e me entregou para uma família mais pobre, financeiramente, do que a nossa.

Você já imaginou o que é ser rejeitado pela própria mãe?

Minha vozinha, dona Maria, minha fonte de garra e inspiração, não aceitou, me buscou e cuidou de mim sempre com muito zelo e amor.

Ela não conhecia a frase do famoso filósofo Mario Sergio Cortella, mas a praticava em toda a sua essência – "faça o teu melhor, na condição que você tem, enquanto você não tem condições melhores, para fazer melhor ainda!".

Há cinco anos, aos 70 anos de idade, minha vozinha foi morar em outro plano. Foi o momento mais triste da minha vida, essa é uma parte que faz todo ser humano refletir sobre suas atitudes.

Veja, não é o objetivo aqui, mas se você ainda não passou por esse processo de perda de um pai ou mãe, comece agora a valorizar cada momento. Lembre-se, dê flores aos vivos.

Ainda bem que, desde criança, cultivei esse sentimento de carinho com a minha avó, pois sabia que não era obrigação dela cuidar de mim, por isso, tentei durante toda a vida ser um bom neto (filho).

Estudei todo o meu ensino fundamental e médio em uma escola pública chamada Maria Rabelo, onde pude contar com grandes mestres e conquistei amizades. Adorava jogar futsal e participei de vários campeonatos escolares.

A minha vida profissional começou aos 12 anos, na bicicletaria Caloi, no mesmo bairro em que eu morava, Centenário, ganhando R$ 12 por semana – tente não rir.

Sabe qual era o meu sonho naquele momento? Poder ter condições de comprar o famoso chocolate Bis.

Para efeito de comparação, a conquista desse Bis era como se fosse a de um carro novo. Imagine, vim comer *pizza* somente aos 17 anos, ainda na casa de um amigo – dificuldade era a palavra. Que bom que existem os sonhos, eles nos movem.

Sempre sonhei em mudar de vida, nunca acreditei no destino. Nós é quem o criamos. Aos 17 anos, ainda trabalhando na bicicletaria, comecei a estudar em uma escola de informática chamada Liderança, com unidades em Rolim de Moura, Ji-paraná e Porto Velho-RO.

Após três meses estudando, fui convidado pelo meu professor, Felipe, e pelo gerente, Ricardo, a estagiar (aprender a dar aulas de informática). Vi, nesse momento, a oportunidade de mudar de profissão e de vida. Só que tinha um preço, era R$ 150 (muito dinheiro para mim), ainda mais para quem ganhava R$ 48 reais por mês.

Sempre fui esforçado no meu trabalho e, com a generosidade do meu patrão, à época, Valdecir (Tim), ele me emprestou o dinheiro que eu precisava. Estagiei três meses, com o contrato que paguei, no período noturno, e mais quatro meses esperando alguém me contratar.

Como é bom acreditar em nossos sonhos e instintos, sabia que um dia minha vez iria chegar.

Em um dia qualquer, fui informado pelo gerente da escola, Ricardo, que havia uma oportunidade de professor de informática na Escola Liderança de Ji- Paraná-RO, e se eu tinha interesse na vaga.

Recebi a proposta com um sentimento de alegria e, ao mesmo tempo, de desespero – nunca havia saído de perto da minha mãe-avó. Aceitei o desafio. Trabalhava de manhã, tarde e noite, de segunda a sábado. Meu salário era R$ 350,00 e ainda tinha que bancar minha comida e a famosa *kitnet*.

Trabalhei durante oito meses. Sentia muita falta da minha mãe-avó e, após várias conversas com um amigo (Diego), decidi retornar para Rolim de Moura, para tentarmos empreender juntos.

Definimos que teria que ser na área que já atuávamos (informática), e com valores de investimento de acordo com a nossa realidade da época, pois não tínhamos muitos recursos.

Ficamos sabendo que uma senhora chamada Marlene Lira gostaria de vender a escola de informática que ela tinha, em um bairro em Rolim de Moura. O nome era Conectiva informática (hoje, Conectinove Educação e Profissão).

Após a negociação, ela vendeu a escola no valor de R$ 5.250, parcelados em dez vezes. A escola tinha, à época, 60 alunos (pagando R$ 20), quatro computadores, algumas cadeiras e mesas, um arquivo, e dois ventiladores de teto.

O nosso primeiro objetivo era trazer a escola para o centro de Rolim de Moura e somadas (teoricamente) as mensalidades dos alunos ativos, conseguiríamos pagar o aluguel e algumas outras despesas. A conta foi simples: 60 alunos X R$ 20 = R$1.200 (grande utopia).

Apareceu outro desafio, com quatro computadores não conseguiríamos atender muitos alunos por dia. Sem condições de comprar mais, alugamos cinco unidades no valor de R$ 200 por mês, com um senhor chamado Baiano, que ainda tem uma sorveteria na cidade e, à época, havia montado uma *lan house* para o seu filho, e tinha ainda alguns computadores disponíveis.

Inauguramos em junho de 2006 a escola no centro da cidade, com o desejado laboratório de nove computadores. Logo na largada da

Ronaldo Barreto 101

operação da escola, percebemos um pequeno erro estratégico, dos 60 alunos, vieram estudar somente 17. Descobrimos, depois, que devido à distância, muitos não poderiam frequentar as aulas.

Nessa hora bateu o desespero. Como iríamos pagar as contas do mês?

O jeito foi arregaçar as mangas, enfrentar o medo e ir prospectar novos alunos. Em pouco tempo, conseguimos atingir o ponto de equilíbrio da escola.

Após seis meses de operação, o meu sócio e amigo, Diego, optou por seguir um caminho diferente. Continuamos amigos e fizemos ainda algumas parcerias em novos projetos. Começamos somente com cursos de informática e, aos poucos, fomos agregando novos cursos em nosso portfólio.

Atualmente, a Conectinove oferta profissões em várias áreas: beleza – cursos de cabeleireiro profissional e estética; saúde – atendente de farmácia e auxiliar odontológico; construção civil – instalador de ar condicionado e eletricista; tecnologia – cursos de *office* e *internet*; profissionalizantes – vendas e gestão empresarial; máquinas pesadas – operador de escavadeira hidráulica e pá carregadeira; concursos públicos – preparatório INSS e polícia civil; idiomas – inglês e espanhol; e, ainda, o preparatório para o ENEM.

Já formamos mais de dez mil alunos nas unidades Conectinove de Rolim de Moura e São Miguel do Guaporé. Em 2019, a previsão é que inauguremos em mais duas cidades, levando qualificação profissional às pessoas que desejam mudar de vida. Inclusive, um dos nossos princípios é mudar a vida de quem quer ter a vida mudada.

É muito gratificante ver incontáveis *cases* de sucesso proporcionados com as profissões da Conectinove, alunos que hoje estão trabalhando no mercado, que montaram o próprio negócio, ou ainda passaram em concursos.

Essa minha missão, transformar vidas por meio da educação fez com que, recentemente, criasse um programa chamado Profissão na Real, que tem como objetivo orientar e capacitar pessoas desempregadas, tudo de forma gratuita.

Aqui, você conheceu a essência da Conectinove Educação e Profissão. O objetivo não era falar do meu sucesso, mas, sim, mostrar que, mesmo diante de tantas provações, podemos construir uma nova história que, pode apostar, está apenas começando. Eu acredito muito no poder da ação!

Sempre honre a sua história, foram todas essas dificuldades que enfrentei que me ajudaram a chegar onde estou hoje. Inclusive, sempre fui um grande otimista, mesmo estando em momento difícil, entendia que era passageiro, e que o objetivo final iria chegar. É nesse momento que o seu porquê tem que ser muito forte.

O seu propósito deverá estar muito bem definido, pois as barreiras que surgirão na sua caminhada – e vão surgir– serão vencidas sem traumas. O seu porquê define tudo.

Finalizo agradecendo a minha família, minha amada esposa, Janete, e minha enteada, Eliza, por sempre me apoiarem em tudo de forma incondicional.

Agradeço aos meus alunos, por me fazerem viver a minha missão de vida, ao meu time de colaboradores que se entregam todos os dias em nossa missão.

Gratidão a quem está lendo, e espero que consiga extrair pelo menos um *insight* para sua vida. Vejo você em breve...